服务业中顾客愤怒情绪

与

员工服务补救研究

罗 佳/著

西南财经大学出版社

中国·成都

图书在版编目(CIP)数据

服务业中顾客愤怒情绪与员工服务补救研究/罗佳著.—成都:西南财经
大学出版社,2024.3
ISBN 978-7-5504-6095-9

Ⅰ.①服… Ⅱ.①罗… Ⅲ.①服务业—研究 Ⅳ.①F719

中国国家版本馆 CIP 数据核字(2024)第 038371 号

服务业中顾客愤怒情绪与员工服务补救研究

FUWUYE ZHONG GUKE FENNU QINGXU YU YUANGONG FUWU BUJIU YANJIU

罗佳 著

责任编辑:王利
责任校对:植苗
封面设计:墨创文化
责任印制:朱曼丽

出版发行	西南财经大学出版社(四川省成都市光华村街55号)
网　　址	http://cbs.swufe.edu.cn
电子邮件	bookcj@swufe.edu.cn
邮政编码	610074
电　　话	028-87353785
照　　排	四川胜翔数码印务设计有限公司
印　　刷	四川煤田地质制图印务有限责任公司
成品尺寸	170mm×240mm
印　　张	11.5
字　　数	190 千字
版　　次	2024 年 3 月第 1 版
印　　次	2024 年 3 月第 1 次印刷
书　　号	ISBN 978-7-5504-6095-9
定　　价	78.00 元

前　言

"顾客就是上帝"似乎早已成为服务业的金科玉律，但这一口号带来的后果是：顾客稍有不满，便很容易肆无忌惮地向一线服务员工发泄怒火。为避免顾客愤怒升级影响企业绩效，甚至引发负面口碑，管理者通常要求服务员工积极补救，化解危机。作为企业的"脸面"，一线服务员工直接与顾客接触，企业在强调员工"应如何做"之前，更需要搞清楚员工"会如何做"。明确员工面对顾客愤怒的即时反应，有助于打开服务互动的"黑箱"，帮助企业有针对性地管理员工的危机处理，做好服务补救工作，同时观照员工身心健康，完善企业健康管理机制。

然而，现有文献就服务员工会积极补救还是消极对待顾客愤怒并未形成一致认识，无法为透彻理解员工的即时补救行为提供理论支持。事实上，结论存在矛盾可能源于现有研究的不足：一是已有研究大多将顾客愤怒视为整体，缺乏细化、深入的研究，尤其没有从情绪接受者角度探究员工感知顾客愤怒在程度和内容两方面的差异。二是现有文献在解释顾客愤怒影响服务工作的内在机理时，理论视角分散，缺乏整合框架。由此导致若干问题悬而未决：员工对顾客愤怒程度和内容的不同感知如何影响其服务补救？影响机制是否存在差异？探究顾客愤怒的不同方面如何影响员工服务补救时，是否存在整合理论框架？组织情境特征又如何调节上述过程？

有鉴于此，本书（本研究）以服务失败及补救为情境，基于情绪即社会信息理论，致力于从员工感知角度探究顾客愤怒对一线员工即时服务补救行为的影响以及员工情感和认知的中介作用。其中，着重分析顾客愤怒的程度和顾客愤怒的员工相关度，即如何通过员工的愤怒情绪与感知威胁，进而影响服务补救行为的过程机理，并进一步讨论企业服务氛围对上述过程的调节作用。

本书主要研究结论如下：第一，研究结果表明，顾客愤怒的强度和员工相关度影响员工即时服务补救的过程存在差异。顾客愤怒的强度加强了员工的情感愤怒，进而减弱补救效能，同时顾客愤怒的强度又增加了员工认知的威胁，进而提高补救效能，两个过程存在互相抵消，最终，顾客愤怒的强度与服务补救行为呈现正相关关系。顾客愤怒的员工相关度抑制员工愤怒情绪，同时增加员工感知威胁，两个过程同步提升补救效能。顾客愤怒的强度和员工相关度存在交互影响，高顾客愤怒强度—高员工相关度的顾客愤怒能带来最大的员工感知威胁，员工服务补救效能也能达到最高水平。第二，研究发现，员工愤怒情绪和员工感知威胁在顾客愤怒影响服务补救行为的过程中发挥中介作用，员工感知威胁在顾客愤怒强度和员工相关度交互影响服务补救行为的过程中发挥中介作用。第三，服务氛围作为关键的组织情境特征，不仅调节顾客愤怒强度对员工情感及认知威胁的影响，还对二者在顾客愤怒与服务补救之间的关系起到中介作用，即被调节的中介效应。

本书的理论贡献主要有：

（1）本书从情绪接受者角度解析一线员工对顾客愤怒的不同感知，分析了员工感知的顾客愤怒强度和相关度对员工即时情感、认知及服务补救行为的不同影响。现有研究大多将顾客愤怒视为一个整体，缺乏从情绪接受者角度细化和深入考察顾客愤怒及其人际影响，未能突出情绪的社会属性，也未得出一致结论。本书基于员工对顾客愤怒程度和内容的感知，分别解析出顾客愤怒强度和员工相关度，进一步验证了二者的不同影响。结果表明，顾客愤怒强度增加员工愤怒感染，进而降低补救效能，但也促进员工威胁感知推断，进而提高补救效能，两个过程存在抵消，最终顾客愤怒强度对补救的影响呈现正相关效应；员工相关度抑制愤怒感染、促进威胁感知推断，同步提高补救效能；高顾客愤怒强度—高员工相关度的"双高"组合带来最大的员工感知威胁和最优的服务补救。本书丰富了现有分析视角，也澄清和解释了现有结论中存在的矛盾，有利于拓展顾客愤怒人际影响的理论研究。

（2）本书通过探讨员工情感与认知，构建了整合理论框架，对顾客愤怒与服务补救之间的传导机制做了深入剖析。现有文献在研究顾客愤怒影响员工服务行为的作用机理时，理论视角分散，预测方向各异。本书基于情绪即社会信息理论，整合"热"情感与"冷"认知，系统验证了二者在顾客愤怒强度与服务补救传导机制中的抵消作用、在员工相关度与补救行为传导机制中的联合促进作用。研究表明，包含不同顾客愤怒感知和不同员工心理反应的整合框架有助于全面评估顾客愤怒的人际效应，可有效避免结论偏差，完善现有理论。

（3）本书考察并发现服务氛围对顾客愤怒后果的调节呈现"双刃剑"效应。现有顾客情绪人际影响的调节研究集中关注顾客或员工的个人特征变量，缺乏对组织情境的探讨。本书通过验证服务氛围的调节效应，发现强服务氛围抑制了员工对顾客愤怒的消极感染，从而促进了服务补救，但也减弱了员工对顾客愤怒的威胁感知推断，从而阻碍了服务补救。此前的服务氛围研究很少探究其调节作用及潜在消极面。本书既有益于深化顾客愤怒人际影响的情境化研究，也推进和拓展了服务氛围的理论研究。

本书成功打开了服务失败及补救过程中顾客与一线员工情绪互动的"黑箱"，具有较强的实践启示意义。本书研究成果有助于企业站在员工角度理解顾客愤怒，为预测及管控员工的服务补救行为提供科学指导；同时也可以帮助管理者明确服务氛围作用于情绪互动的效果，为科学构建和评估组织内部环境提供借鉴。

笔者学术水平有限，对有些问题未能进行深入探讨，希望未来的学者们能够继续深入研究。书中研究挂一漏万，错谬在所难免，希望同行专家和读者朋友不吝指正。

罗佳

2023 年 12 月

目　录

1 绪论

1.1 研究背景与问题的提出

1.1.1 现实背景

服务行业过分奉行"顾客就是上帝"理念，导致在发生服务失败时，拥有"至高无上"地位的顾客很容易肆无忌惮地向员工倾泻怒火（杜建刚、范秀成，2007）。有关统计数据显示，顾客在服务互动中展示愤怒情绪实属全球性现象。澳大利亚一项针对快餐店员工的全国性调研发现，87%的员工曾在服务过程中接触过"发火的"顾客（Boukis et al.，2020）。在英国，每十个员工中就有一个明确表示曾遭受过无礼顾客的侮辱（Daunt & Harris，2012）。顾客向员工表达愤怒的方式轻则为"摆臭脸"、发表不友好言论，重则为言语攻击、侮辱，甚至做出人身伤害行为。服务互动的高互动属性又会进一步放大情感成分，使顾客消极情绪在服务双方接触乃至整个消费场域内持续发酵。为了避免顾客愤怒等消极情绪影响公司绩效，企业往往要求一线员工"不带情绪倾听情绪"——等待顾客发泄完情绪后，再遵照工作脚本提供优质服务补救，化解顾客怒气，重新赢回顾客（Tao et al.，2016）。然而，要员工遵从上述建议绝非易事。一些员工确实能保持良好的工作状态，继续高效完成服务任务，但另一些员工却可能降低工作努力程度，甚至做出伤害顾客的举动（周晔、齐永智，2020）。从员工的上述行为差异可以看到，企业强调一线员工面对顾客消极情绪"应如何做"之前，更需要对员工究竟"会怎么做"予以高度重视，毕竟厘清员工"实际的应对"才能更有针对性地规范员工"应该的应对"。遗憾的是，关于顾客愤怒如何影响一线员工即时情感、认知及补救行为的问题并未引起大多数管理者的足够重视。

鉴于一线员工是服务企业与顾客的"主要接触点"（primary contacts），也是实施服务补救的主体，明确服务失败及补救行为中一线员工对顾客愤怒情绪的即时反应具有重要意义（Chan & Wan, 2012）。首先，厘清顾客愤怒对一线员工补救的影响，有利于避免失败服务与失败补救叠加的"二次偏差"（double deviation），降低顾客对服务消费的不满，防止顾客流失、顾客负面口碑、顾客报复等消极结果，保障公司利益（Basso & Pizzutti, 2016）。其次，根据服务三角（service triangle）原则，员工也是服务系统的关键要素之一，属于企业的"内部顾客"。企业不能一味要求员工在遭遇无礼顾客时"抬头摆笑脸，低头装孙子"。忽略员工情感与身心遭受的消极影响，将导致员工情绪耗竭，甚至引发离职（占小军 等，2015；徐虹 等，2018）。最后，与愤怒的顾客互动还可能持续消耗员工服务工作所需的身心及认知资源，产生消极溢出效应，影响后续"无辜"顾客的服务体验（文彤、梁祎，2020）。由此可见，探究顾客愤怒对一线员工即时服务工作的影响及其内在作用机制十分有必要，既有助于管理者深入理解员工工作模式，也有利于预测和提高员工服务补救绩效，为服务企业的人力资源实践和危机管理应对提供科学指导。

1.1.2 理论背景

关于顾客愤怒与一线员工反应之间关系的研究，目前大多聚焦于重复的个人视角（repeated individual perspective），考察一段时间内反复出现的顾客愤怒作为消极工作现象（如顾客欺凌、顾客不文明行为等）对员工的累积影响，结论清一色地指向负效应，即持续遭受顾客不当对待将演变为服务员工的长期工作压力，影响员工情感状态、工作态度与绩效、身心健康（Koopmann et al., 2015）。近年来有学者提出，单次顾客愤怒总是基于特定服务接触（service encounter），由特定顾客作为情绪源头，情绪表达形态也各异。针对一段时间内员工遭受的顾客愤怒事件进行累积测量，反而可能掩盖每一次真实的服务接触情况，不能为理解和指导员工即时服务工作提供有价值的洞见（Walker et al., 2014）。考虑到前述实践问题背景，本书将聚焦于服务接触中单次顾客愤怒的人际影响研究。

通过文献回顾，笔者发现，服务接触中顾客愤怒与员工即时服务表现之间的关系尚不明确。一些结论显示，顾客愤怒作为"导火索"，会加剧双方冲突，影响员工服务质量（杜建刚、范秀成，2009；Rupp & Spencer，2006）；另一些研究表明，尽管顾客愤怒阻碍了员工工作进程，但也有助于激发员工积极性，促进服务质量提高（Glikson et al.，2019；Miron-Spektor et al.，2011）。经过进一步分析，本书认为以上结论存在矛盾可能源于现有文献的不足。具体来看，可归纳为以下两点：

第一，目前绝大多数文献在考察顾客愤怒对员工的即时影响时，选择基于表达者角度来界定顾客愤怒，视其为整体，缺乏细化、深入的探究，尤其缺乏从情绪接受者角度来解析员工对顾客愤怒的不同感知及其影响的差异。具体而言，现有研究如 Hareli 等人（2009）利用实验方式控制比较了服务补救中不同类型情绪对员工经济补偿的影响，Walker 等人（2014）考察单次接触中顾客愤怒表现频次与员工不文明行为之间的关系，基本都站在顾客角度对愤怒情绪进行整体测量，未能体现服务互动中顾客愤怒的社会属性。人际交往中的外显情绪虽然由表达者启动和传递，但情绪线索影响后续互动的关键在于情绪接受者的主观感知和理解。近年来已陆续有学者指出个体情绪影响他人互动实则是情绪接受者捕获对方情绪表达，并做出相应评价和反应的过程（冯柔佳 等，2020；Van Kleef，2016）。因此，从情绪接受者角度重新界定表达者情绪更符合情绪人际影响研究的应有之义。最近有心理学研究者提出，从情绪接受者如何识别和感知表达者情绪切入，预期能更透彻理解和把握情绪的社会影响，解释现有结论中存在的矛盾（Adam & Brett，2018；Wang et al.，2017；Van Kleef，2016）。Weingart 等人（2015）发表在 *Academy of Management Review* 期刊上关于冲突表达的文章也从理论阐释上侧面论证了这一点。该文章提出，冲突表达是连接表达者与接受者的"桥梁"，探究接受者如何感知表达者展现的冲突是准确预测互动走向的关键。Weingart 等人认为，接受者主要从对抗强度和直接程度（与接受者的相关程度）两个方面去理解冲突，二者会对冲突互动产生不同影响，而且存在交互效应。鉴于表达负面情绪属于人际冲突的外显形式（诸彦含 等，2016），可认为负面情绪表达强度和相关度也适用于服务接触情境下员工感知和解析顾客愤怒的情况。其中，负面情绪表达强度对应顾客愤怒程度方面的感知，反映了员工对顾客愤怒内在对抗张力的感性体验；相关度主要指员工感知顾客愤怒与其自身的关联度，对应顾客愤怒内容方面的感知，反映了员工对顾客愤怒外部指向及自身可能受到影响的理性认知。目前已有学者就顾客愤怒的强度如何影响员工服务补偿做了初步探讨（Glikson et al.，2019），但针对员工相关度影响效应的讨论仍旧缺乏，更无文章同时研究顾客愤怒强度和员工相关度对员工即时情感、认知和行为等反应的影响。考虑到互动中员工通常会结合这两个方面去综合评价顾客愤怒，在一个框架内同时涵盖两种感知并探索二者的潜在交互影响具有较强理论意义和实践价值。由此笔者不禁思考，服务接触中感知顾客愤怒的强度和员工相关度如何影响一线员工即时服务反应？顾客愤怒强度和员工相关度的影响过程是否存在差异？二者是否又存在交互影响？这些更细致、深入的探究能否解释现有的不一致结论？

第二，现有文献在分析顾客愤怒影响员工服务反应的内在作用机理时，理论视角分散，且预测方向各异，这也是导致研究结论分化的重要原因。具体来看，现有理论视角可归纳为情感机制、资源机制、认知机制。其中，情感机制的使用频率最高。相关学者依据情绪感染（emotional con-tagion）理论和情绪事件理论（affective event theory），发现顾客愤怒会引发员工消极情感，最终影响服务绩效（Dallimore et al.，2007；Rupp & Spencer，2006；Tao et al.，2016）。资源机制依托自我损耗理论（self-deple-tion theory）及资源保存理论（conservation of resource theory），提出顾客愤怒损耗员工自控力、心智、自我价值等资源，进而降低服务质量（Rafaeli et al.，2012；Walker et al.，2017；M. Wang et al.，2011）。因此，情感与资源机制均导向负效应结论。新近的研究更多地从认知机制切入，主要依据情绪的社会功能（social functions of emotion）理论，强调员工可以对顾客愤怒进行理性推断，进而采取积极的服务应对，由此推导出正效应结论（Glikson et al.，2019；Hareli et al.，2009）。不同机制的解释基础不同，得出差异化结论实属合理，但理论分散毕竟有可能阻碍理论的整合和研究的系统化，对此还是应予以警惕。最近学界出现了一些新兴的、适用于情绪人际影响研究的整合框架，其中 Van Kleef 等人（2010）提出的情绪即社会信息理论（emotion as social information theory，EASI）就比较典型。该理论强调情绪的社会信息价值，详细阐释了表达者情绪如何通过观察者情感及认知双路径影响后者的即时互动反应。运用该理论同时探讨员工的情感与认知过程，预计可从理论方面对现有分散结论做有效整合。

假设可通过拆分员工的顾客愤怒感知、整合员工情感与认知两种心理过程来有效调和不一致结论，增强对顾客愤怒人际影响的理解，那么下一个问题就落脚到如何管控这种情绪互动上。该问题与调节效用的分析密切相关。目前服务接触中情绪人际效应调节研究的文献大多聚焦于顾客或者员工的个人特征变量，比如顾客社会地位（Jerger & Wirtz, 2017）、员工能力（Rafaeli et al., 2012；M. Wang et al., 2011）、员工文化背景（Glikson et al., 2019）等。然而，服务企业无法控制顾客方面因素，也难以通过招聘或培训手段来完全规避员工个人因素的随意性，故这些调节分析的现实意义有限，迫切需要更直接、更主动的管理实践去调控双方的消极情绪互动。考虑到监测和干预每一次服务互动的实际操作难度较大，在企业内部构建良好的、稳定的工作环境或许更为必要和有效。已有研究证明，良好的工作环境可以促进员工内化组织期许，持续提升员工压力状况下的服务表现。迄今为止，仅有少数文献分析了组织支持的调节作用（M. Wang et al., 2011；2013），但是仍旧缺乏对其他组织情境特征权变作用的探讨。服务氛围强调对优质服务的重视及管理，对服务企业具有关键的战略意义，是关键性的组织情境特征（Hong et al., 2013）。服务氛围体现了员工感知的组织对优质服务的期许、支持与奖励，直接反映了员工的服务工作环境，不仅影响服务员工对顾客反应的识别和理解，还影响服务员工的应对举措（Jerger & Wirtz, 2017）。已有不少研究者基于社会交换理论证明了服务氛围与员工绩效的直接正向关系（Hong et al., 2013），但将其作为服务互动调节变量的实证研究仍显稀缺（Gong et al., 2020）。因此，针对强弱服务氛围下顾客愤怒与员工反应之间的关系是否存在差异这一问题，现有文献并未给出答案，值得人们在未来进一步探索研究。

1.1.3 问题的提出

综合管理实践及文献现状，本书提出以下研究问题：

（1）在服务接触中，员工对顾客愤怒强度的感知和员工相关度如何影响一线员工即时服务行为？

（2）员工对顾客愤怒的不同感知影响一线员工即时服务行为的整合作用机制是什么？员工对顾客愤怒的不同感知之间的影响机制是否存在差异？

（3）服务氛围作为重要的组织情境特征，如何调节上述影响过程？

1.2 研究的目的和意义

1.2.1 研究的目的

本研究以服务失败及补救行为为情境，基于情绪即社会信息理论，致力于从员工感知角度探究顾客愤怒对一线员工服务补救行为的影响以及员工情感与认知的中介作用。其中，着重分析员工感知顾客愤怒的强度和员工相关度影响员工愤怒情绪及员工感知威胁，进而作用于服务补救行为的过程机理，并进一步讨论企业服务氛围对上述过程的调节作用。

1.2.2 研究的理论意义

（1）本研究从情绪接受者角度解析员工的顾客愤怒感知，分析员工对顾客愤怒的不同感知对一线员工即时情感、认知及补救行为的不同影响，丰富了顾客愤怒人际效应的研究视角，有助于澄清和解释现有结论中存在的矛盾。

顾客表达愤怒情绪在消极服务接触中相当常见，是一线员工危机处理工作的重点。不少文献已对顾客愤怒与员工即时反应之间的关系进行了初步探讨，然而尚未形成一致结论，不利于厘清服务双方的情绪互动过程和情绪的人际影响差异。本书选择从情绪接受者角度切入，强调员工对顾客愤怒的主观感知，丰富了顾客愤怒人际效应的研究视角，有助于澄清和解释现有结论中存在的矛盾。

第一，现有研究大多从表达者角度来把握顾客愤怒情绪，未能突出人际互动中情绪作为沟通媒介的社会属性。本书依据 Weingart 等人（2015）对冲突表达的分析，提出员工会从程度上的内在对抗张力和内容上的外部指向两个方面去感知顾客愤怒情绪，由此提炼出顾客愤怒的强度和与员工相关度，预期可为理解顾客愤怒的人际影响提供更丰富的研究视角。

第二，目前的大部分研究倾向于将顾客愤怒视为一个整体，探讨其与员工即时服务反应的关系，但结论尚存争议。本研究基于员工感知，对顾客愤怒的不同方面做分析，进一步探究顾客愤怒强度和员工相关度对员工即时情感、认知及服务补救行为的差异化影响。本研究试图证明，顾客愤怒是阻碍还是促进员工服务表现的关键是员工在对顾客愤怒的不同感知上所做的权衡，确定各个感知影响的优先级。此外，本研究还计划探索两种感知的交互影响，试图证明员工不仅能从不同感知出发去解读顾客愤怒，还会结合不同感知从整体层面去把握顾客愤怒，进而调整自身服务表现。

（2）本研究通过探讨员工情感与认知两个基础心理反应过程，对顾客愤怒与员工服务补救行为之间的传导机制做深入剖析，构建了整合的理论研究框架，有助于完善顾客愤怒人际影响和情绪即社会信息理论研究。

现有的研究在探讨顾客愤怒影响员工即时反应的内在机理时，理论分散且孤立。大多数研究从情感机制入手，得出负效应结论（Dallimore et al.，2007；Rupp & Spencer，2006；Tao et al.，2016）。也有不少研究基于资源机制，证明了负效应结论（Rafaeli et al.，2012；Walker et al.，2017；M. Wang et al.，2011）。仅有零星研究从认知机制切入，凭借情绪的社会功能理论，推导和验证了正效应结论（Glikson et al.，2019；Hareli et al.，2009；Miron-Spektor et al.，2011）。不同解释机制的预测方向差异也是现有文献结论不一致的重要原因。本研究基于情绪即社会信息理论，对员工情感及认知机制进行整合，全面剖析员工"热"的情感与"冷"的认知在顾客愤怒与员工服务补救行为关系中的作用机制。本研究试图证明，包含不同顾客愤怒感知和不同员工心理反应的整合研究框架可以有效避免结论偏差，有利于全面评估顾客愤怒的人际效应，完善现有理论，推进研究体系化。另外，在此之前，情绪即社会信息理论多被运用于冲突谈判、组织领导与团队绩效、人际关系研究领域，很少被引入服务营销研究。因此，本研究不仅可以为澄清现有结论中存在的矛盾提供简洁的整合解释框架，也可以拓展情绪即社会信息理论在服务营销领域中的应用。

（3）引入服务氛围作为调节变量，有助于理解顾客愤怒对一线员工影响的情境约束条件，对服务氛围研究的发展亦有所贡献。

如果将服务接触中的顾客愤怒视为员工接受的外部刺激，那员工反应就是顾客愤怒与情境因素相互作用的产物（Jerger & Wirtz，2017）。然而，在目前顾客情绪人际影响的调节作用讨论中，大多数文献落脚于表达顾客或者接受员工的个人特征变量，仅有少数研究对组织支持作为情境特征的调节影响做了初步探讨（M. Wang et al.，2011、2013）。服务氛围是服务组织最重要的情境特征，对优质服务的构建与维系具有战略意义（Hong et al.，2013）。尽管大量研究已证明服务氛围对服务绩效有着直接的正向作用，却少有文献考察其充当调节变量对服务互动的影响（余传鹏 等，2018；

Gong et al., 2020)。有鉴于此，本研究探讨服务氛围对顾客愤怒与员工反应之间的关系的调节作用，至少有两方面理论意义：一是有助于理解员工对顾客愤怒的不同感知影响员工情感、认知及服务行为的情境约束条件，明晰何种组织情形下员工更可能就顾客愤怒做出积极补救；二是超越现有服务氛围理论研究过分强调主效应的局限，对该领域研究的发展也有一定贡献。

1.2.3　研究的实践意义

（1）为企业理解顾客愤怒情绪，预测及管控员工服务工作提供科学指导。服务行业内服务失败频出，顾客常常因此感到愤怒并在服务互动中发泄怒气。作为企业"脸面"，一线员工需要第一时间实施补救来化解顾客负面情绪，挽回不满意的顾客。本研究对服务失败及补救行为中顾客愤怒与员工服务补救行为之间的关系及其潜在影响机制的探析，可打开服务互动的情绪"黑箱"，帮助企业从一线员工角度深入理解顾客消极情绪。预期研究结论有助于窥探员工服务工作背后机制和准确预测服务互动走向，为员工服务补救提供科学指导，帮助企业管理者更有针对性地管控员工危机应对，持续提升服务质量，同时观照员工身心健康与工作福祉。

（2）明确服务氛围对员工服务补救工作的作用，为科学构建和评估组织环境提供借鉴。服务氛围作为重要的组织情境特征，其战略核心是保证优质服务。本研究计划就服务氛围对一线员工回应顾客愤怒过程的调节作用进行深入剖析，分析将囊括员工对顾客愤怒的不同感知与员工情感、认知及行为之间的多条关系路径，预期研究结论有助于企业明确不同强度服务氛围在提升员工补救工作中的作用，为管理者科学构建和评估组织内部环境提供借鉴。

1.3　研究的内容与研究方法

1.3.1　本书内容

本书共分为六章，内容如下：

第一章，绪论。本章基于现实背景和研究背景提出研究的问题；分别从理论及实践角度简述了本研究的意义；从结构安排、研究方法及研究的技术路线三个方面对全书研究内容与方法进行概括说明。

第二章，文献综述。本章从顾客愤怒、服务失败及补救、顾客愤怒对一线员工的影响等方面对现有文献进行系统梳理与评述，并在此基础上阐述了现有文献存在的问题及未来研究展望，为下一步构建理论模型和研究假设奠定了基础。

第三章，研究框架、理论模型与假设推演。本章主要内容如下：首先，在阐明研究情境的基础上，基于主要研究问题选择相关理论构建总体模型框架，清晰定义与解释理论框架所涉及的核心变量；然后，提出并构建完整的理论模型，分别从顾客愤怒对一线员工服务补救行为的影响及中介机制、服务氛围的调节作用两部分内容出发，根据现有文献对变量间假设关系进行逻辑推演。

第四章，问卷调查。本章利用问卷调查法，对旅游接待行业内的真实服务互动进行探讨，采用一线员工事件回忆及自评填答的方式，初步验证研究框架中各变量间的关系。

第五章，情境实验。本章利用情境实验法，对实验过程及顾客愤怒进行严格控制，确认了模型主体框架变量间的因果关系。本章包含四个情境实验：实验一、实验二、实验三分别采用表情图片、文字描述、音频刺激方式对顾客愤怒进行控制，验证对顾客愤怒的不同感知及其交互对员工心理反应（员工愤怒情绪和员工感知威胁）的影响的差异。实验四沿用实验三的音频刺激材料，对研究模型中除调节效应以外的所有假设关系进行综合检验。

第六章，研究结论、研究创新、管理启示、研究的局限与未来展望。本章对研究结论及研究创新进行了总结与归纳，详细阐述了研究的管理启示，同时澄清了研究的局限，为未来的研究指明了方向。

1.3.2　研究方法

本书主要涉及以下研究方法：

第一，文献阅读法。根据研究目的，通过回顾与整理现有文献中有关顾客愤怒、服务失败及补救、顾客愤怒对员工的影响等方面的学术资料，笔者系统、全面地掌握了本书所研究问题的历史及现状，为构建理论模型与假设关系奠定了基础。

第二，问卷调查法。笔者设计调查问卷，选择旅游接待业一线员工作为调查样本，要求被调查员工回忆一下近六个月内发生的、包含顾客愤怒的服务互动事件，并基于该事件填写问卷，回答相关问题。本次调研委托国内权威数据平台"问卷星"代为回收数据。通过对数据进行统计分析，笔者验证了变量间的关系，对研究模型的现实适用性做了初步检验。

第三，情境实验法。笔者基于问卷调查中员工的事件描述资料和酒店人员访谈结果，设计酒店服务失败及补救情境作为实验情境，开展了四个被试实验。在实验材料方面，通过表情图片、文字描述、音频刺激三种不同方式来控制顾客愤怒，笔者验证了研究模型的主体框架及假设，确认了研究的因果推断。

第四，访谈法。访谈法是问卷调查法与情境实验法的辅助。笔者经过与若干酒店管理者和前台员工进行深度访谈，对问卷量表、实验材料等进行了符合现实情境的修改，增强了研究的真实性和可信度。

第五，统计分析法。首先，笔者使用 SPSS23.0 软件对原始数据进行科学筛查和描述性统计分析。其次，笔者联合采用 SPSS23.0 和 Mplus 8.3 软件检验测量模型信度、效度、同源误差问题等。最后，笔者利用 SPSS23.0 软件验证研究假设，其涉及的数据分析方法包括回归分析、独立样本 T 检验、单因素方差分析、一般线性模型分析、基于 Process 插件的中介分析等。

1.3.3 研究的技术路线

本研究的技术路线见图 1-1。

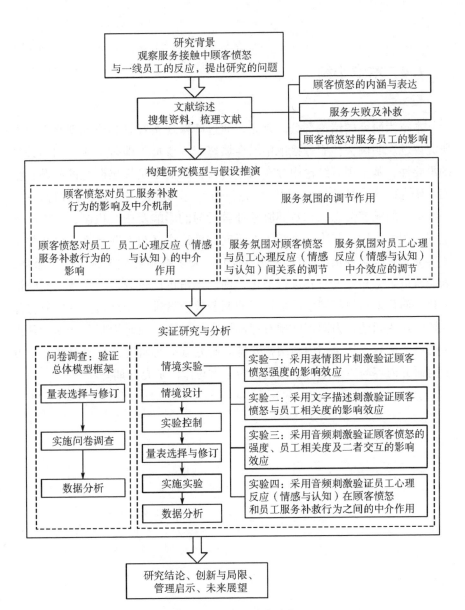

图 1-1 本研究技术路线

1.4　本章小结

　　本章为研究的绪论部分。首先，通过阐释现实背景和研究现状提出本研究议题。明确关注服务接触中顾客愤怒与一线员工即时反应之间的关系的重要性，基于现有结论中存在的矛盾及文献的不足提出研究的问题；指明本研究内容为基于情绪即社会信息理论，探究服务失败及补救行为中，一线员工的顾客愤怒感知对其服务补救行为的影响及中介机制，分析服务氛围的调节作用。其次，介绍了本研究的理论意义与实践意义。以往关于顾客愤怒影响服务员工即时反应的研究，大多将顾客愤怒视为一个整体，未能从员工感知角度对其进行细化，理论视角也比较分散，导致研究结论分化，而且未对组织情境特征发挥的调节效应做进一步剖析。本研究将深入探讨这些问题，力图突破现有理论研究的局限，同时为服务互动管理提供借鉴。最后，从全书内容结构安排、研究方法与研究的技术路线三个方面对研究内容与方法进行了描述，为全书写作做了充分铺垫。

2 文献综述

2.1 顾客愤怒

2.1.1 愤怒的概念及内涵

有记载的关于人类情绪的严肃讨论最早可追溯到古希腊时期，哲学家亚里士多德曾在《修辞学》一书中对情绪之于政治的说服作用做了一番精彩论述。情绪作为一门正式课题进入科学研究领域则始于 19 世纪。1884年，James 首次提出什么是情绪（What is emotion?）的问题（Van Kleef，2016）。经过 100 多年的科学探索，目前学界尚未对情绪的标准定义达成共识，但研究者普遍认可"情绪是对某一事物、目标无意识或有意识的反应"（Van Kleef，2016）。人类情绪千差万别，具有特定原因和影响。出于细化理解的需要，相关学者基于情绪评估框架（appraisal tendency frame-work），依据确定性、注意程度、个人控制感、责任归因等认知维度差异区分出属性相异的各种具体情绪，如快乐、悲伤、愤怒、恐惧、内疚、失望等（C. Smith & Ellsworth，1985）。目前，针对具体情绪的研究方兴未艾。

愤怒是人们日常生活和工作中常见的消极情绪，为人类六种基本情绪之一（Ekman，1993）。人们对内能体验自己的"怒火中烧"，对外能识别他人的"怒发冲冠"。古往今来，虽有众多研究者关注这一典型的消极情绪，但迄今尚未对"愤怒"形成科学准确的定义。一篇关于愤怒的综述文章指出，现有研究分别从不同角度切入，对愤怒的内涵进行了讨论。比如道德伦理观强调不公平感是愤怒的基础诱因，认知学派关注个体外部责任归因引发愤怒的关键作用，行动倾向理论则侧重于愤怒情绪背后所蕴含的反抗、报复等动作趋势和行动目标（冯彩玲，2019）。亚里士多德将愤怒看成"我们或我们的朋友受到不公正的轻慢所导致的情感伤害或者报复的愿望或冲动",该表述同时体现了道德伦理观和行动倾向理论的观点,由此可以窥见愤怒内涵的复杂性和多面向性。

认知学派代表人物 Roseman 对愤怒的界定获得了较高学术认可度,其与同事将愤怒定义为当个体评估外部归因引起的负面结果时所产生的情绪体验(Roseman et al.,1994)。后续研究在此基础上持续完善愤怒的内涵,普遍认可愤怒是一个多维概念,可以从三方面加以识别:在认知评估方面,对负面结果的外部归因和感知不公平诱发了愤怒;在生理反应方面,心率和血压升高、肌肉紧绷,让个体感受到愤怒,个体又可通过特定的面部表情、言语及肢体动作等对外表达愤怒;在行为倾向方面,愤怒的个体处于活跃状态,一般表现出试图接近目标的趋近动机,倾向于采取攻击和报复行动。在以上三方面中,认知评估方面个体对负面结果的外部归因被认为是愤怒的必要元素(Geddes et al.,2020;Kranzbühler et al.,2020)。

2.1.2 顾客愤怒的概念及内涵

顾客愤怒,顾名思义,指商业领域内的顾客愤怒情绪。复杂多变的商业环境不断变化,同时也模糊了愤怒的边界,相关研究对顾客愤怒的界定存在诸多差异。Gelbrich(2010)认为,当顾客将过去的目标不一致事件归因于外部源头时即产生愤怒,因此顾客愤怒是一种基于认知评估的回溯性情绪。Grégoire 等人(2010)将攻击倾向视为顾客愤怒的关键组成成分,同时强调顾客情绪体验的高唤醒度。He 和 Harris(2014)突出了道德属性,提出愤怒是顾客基于消费的公平判断对服务失败做出的道德情绪反应。还有一些服务研究者将顾客愤怒延伸至盛怒(rage)、懊恼/沮丧(frustration)、怨恨(resentment)等相近概念(Antonetti,2016),比如Patterson 等人(2016)提出顾客盛怒为顾客愤怒的极端形式,情绪体验与表达都更强烈;Gelbrich(2010)指出沮丧也源自愤怒,是顾客外部归因指向不可控情境时产生的特殊愤怒形式。

Antonetti(2016)对顾客愤怒进行详尽综述后发现,尽管服务研究学者的概念界定各有侧重,但在内涵阐述中基本都突出了外部归因的认知评估属性,这与心理学领域的情绪基础研究如出一辙,因而 Antonetti 将顾客愤怒定义为顾客对负面消费结果进行外部归因时所产生的消极情绪体验。本研究采纳此定义,同时参照 Bougie 等人(2003)的研究,基于现象心理学的解释取向，从五个方面进一步勾勒顾客愤怒的边界：①在身心体验上，顾客愤怒伴随着一系列生理反应，包括血压升高、心跳加快、感觉快要"爆炸"等；与此同时，个体又可通过特定的面部表情、肢体动作和言语等对外展现这些心理体验；②在认知想法上，愤怒的顾客将消费目标受阻的事件进行外部归因，产生自我遭受不公平对待的想法；③在动机倾向上，由于处于活跃状态，愤怒的顾客通常具有趋近动机，有发泄怒火的行为趋势；④在行为反应上，愤怒的顾客可能做出抱怨、出言不逊、抵制，甚至伤害他人等行为；⑤在情绪目标上，愤怒的顾客的首要目标是恢复公平和正义，这既可能通过报复和伤害他人实现，也可能通过理性沟通、寻求问题解决的方式实现。

2.1.3　顾客愤怒与相关概念辨析

现有文献中存在着一些与顾客愤怒交叉或近似的概念，比如顾客盛怒、顾客失望、顾客不满意，有必要对它们的联系与差别进行辨析，以便为后续文献梳理的范围与边界确定提供充足的理论依据。

2.1.3.1　与顾客盛怒的比较

盛怒或称暴怒，其概念内核与愤怒实为同源，均是顾客对负面结果进行外部归因时产生的消极情绪，其细微差别在于愤怒强调个体对当下事件的即时反应，盛怒则植根于过去，强调多个愤怒事件长久积压后个体情绪的突然爆发，这也导致盛怒在情绪体验和情绪表达上更为强烈（McColl-Kennedy et al., 2009；Surachartkumtonkun et al., 2015）。具体而言，在情绪体验方面，相较于愤怒的顾客，盛怒的顾客情绪体验极端强烈，甚至会产生快要"爆炸"的（being exploded）感觉（Surachartkumtonkun et al., 2015）。在外显表达上，二者均以同样的表情、肢体及言语作为基础表达线索，其差异之处在于盛怒的顾客在展现这些线索时程度更猛烈，且与更多的肢体动作相连，因此更多地体现出反社会性的伤害及报复意图（Patterson et al., 2016），但愤怒的顾客并不必然具有攻击性。有相当一部分研究在文章中交替使用这两个概念（McColl-Kennedy et al., 2009；Patterson et al., 2016）。本研究认为，顾客盛怒从属于顾客愤怒，是后者的极端形式，因此笔者选择将顾客盛怒的相关研究纳入本章综述文献范围。

2.1.3.2　与顾客失望的比较

失望也是服务失败中比较常见的消极情绪，指的是实际消费结果低于先前期望时，顾客所产生的情绪体验（Zeelenberg & Pieters，2004）。Van Dijk 和 Zeelenberg（2002）将失望分为两类：如果个体聚焦于对不可控因素的无能为力，则产生结果导向型失望（outcome-related disappointment）；如果个体聚焦于对他人或外部实体的责备，则产生他人导向型失望（person-related disappointment）。结果导向型失望可等同于悲伤、沮丧等情绪，他人导向型失望更接近愤怒的内涵。因此可以认为，顾客失望与顾客愤怒在概念内涵上有交集，但仍为不同概念，仅顾客的他人导向型失望与顾客愤怒同构。鉴于现有文献中尚无实证研究直接探讨他人导向型顾客失望，故本研究在此只做理论辨析。换言之，尚无他人导向型失望的相关实证研究可被纳入本章综述。

2.1.3.3 与顾客不满意的比较

Oliver（1996）将顾客不满意定义为顾客对服务消费未顺利履行情况的愉悦度判断。大部分服务研究者认可将顾客不满意归入情绪类别，并将其界定为顾客对负面消费事件做出的一般性、消极效果的情绪反应（Bougie et al.，2003）。虽然顾客不满意也由负面消费结果引起，但它不如具体情绪那样明确，结合具体认知评估，可将顾客不满意进一步导向不同的具体情绪。具体来看，当顾客对负面结果后期发展感到高度不确定时，将导向恐惧和担忧；当顾客对负面结果进行自我归因时，将导向内疚和后悔；只有当顾客对负面结果进行外部归因时，才会导向愤怒（Bougie et al.，2003）。可认为顾客不满意是顾客愤怒的前置变量，只有顾客愤怒才会对顾客后续抱怨与报复行为有直接影响，即顾客愤怒中介①了顾客不满意与顾客抱怨、报复、欺凌等一系列行为的关系（Bougie et al.，2003；Zeelenberg & Pieters，2004）。因此，顾客不满意的实证研究未被纳入本章的文献梳理范围。

2.1.4 顾客愤怒的表达及特性

Gibson 和 Callister（2010）根据个体对外展现愤怒与其内心体验的一致程度，将愤怒表达分为三种类型：当个体对外表现的愤怒与其内心感受程度一致时为真实表达；当个体对外表现出的愤怒情绪程度低于内心真实感受时为克制表达；当个体暗自生气，并不对外展现任何愤怒情绪线索时

---

① "中介"一词是专业术语，此处为动词用法。考虑自变量 X 对因变量 Y 的影响，如果 X 通过影响变量 M 来影响因变量 Y，则称 M 为中介变量。后同。

为抑制表达，此时他人几乎不能追踪到个体的任何愤怒迹象。Geddes 等人（2020）基于愤怒的双阈值理论（dual threshold model of anger），从观察者感知角度区分出三种愤怒表达类型：隐藏起来的、未超过表达临界点的被抑制的愤怒；超过表达临界点、尚未超过不合适临界点的被表达的愤怒；超过不合适临界点的偏移的愤怒。

综合以上两种愤怒表达分类，本研究认为在考察愤怒表达的人际影响时，抑制的、不为他人所见的愤怒算不上真正意义上的"外显表达"，情绪表达的人际影响也就无从谈起（Geddes et al., 2018）。对外表达出来的愤怒才是互动双方人际影响生效的必要条件，顾客表达真实与否或者适当与否则属于下一阶段讨论的问题。事实上，愤怒的外向归因与趋近动机往往会促进个体通过言行将内心的愤怒展示出来，因此完全抑制的愤怒并不常见（杜蕾，2013）。本研究旨在讨论服务接触互动中顾客愤怒表达如何影响作为观察方的一线员工的服务反应，因此下文对顾客愤怒表达以及相关实证研究的文献梳理主要限于可被他人捕捉的表达形式。

2.1.4.1 顾客愤怒的表达形式

（1）言语及非言语表达

外显的、可被他人识别的愤怒表达一般由非言语和言语表达线索两部分组成。非言语表达线索包括面部表情（如涨红脸、怒目而视、眉头紧锁、紧闭嘴唇等）、肢体动作（如身体对抗性前倾、动手打人、伤害他人等）；言语线索包括言语攻击（如大声咒骂或诅咒、使用侮辱性言语、大喊大叫等）与语音语调（提高嗓门、语音语调变尖锐、语速加快等）（Dallimore et al., 2007；McColl-Kennedy et al., 2009）。

（2）行为表现

上述表达线索又可进一步组合成高阶行为表现，比较典型的有顾客欺凌、顾客言语攻击、攻击转移，以及策略性表达愤怒。以上概念均可以归为顾客愤怒的行为表现，但它们在研究对象、表达线索构成、伤害意图、愤怒指向性四个方面仍存在差异（见表2-1）。

顾客欺凌（customer mistreatment），指员工感知顾客低质量人际对待的愤怒表达行为（占小军 等，2015）。员工可通过顾客愤怒的言语及非言语表达线索来主观感知和识别顾客的潜在伤害意图（M. Wang et al., 2011）。根据欺凌程度，由低至高，顾客欺凌又可进一步分为不尊重的、贬损的顾客不公平行为，伤害意图相对模糊的顾客偏差行为，以及直接攻击或伤害员工的顾客侵犯行为（占小军 等，2015）。

顾客言语攻击（customer verbal aggression），特指顾客通过言语线索的沟通方式伤害他人的愤怒表达行为，突出顾客言语表达对社会交往规范的违背（Rafaeli et al.，2012；Walker et al.，2017）。

攻击转移（displaced aggression），指个体对无辜他人做出的攻击及伤害行为。个体的攻击转移可以同时通过展现非言语和言语表达线索来实现（Bushman et al.，2005）。这里的"无辜"意味着被攻击个体并非引起主体愤怒的源头，只是"在错误的时间出现在了错误的地点，成了错误的被攻击对象"（Bushman et al.，2005；McColl-Kennedy et al.，2009），因此可认为相较于其他三种愤怒行为表现，攻击转移的特殊性主要体现在表达的指向性上。

并非所有愤怒表达行为都具有伤害意图，比如策略性表达愤怒。策略性表达愤怒指个体通过策略性地展现言语或非言语线索，以期实现功利性目的的愤怒表达行为（Van Kleef et al.，2011）。其研究对象一般为情绪表达者，亦即愤怒的顾客，强调顾客利用愤怒情绪表达线索来达成功利性目的的情况。比如 Antonetti（2016）提出以解决服务失败问题为目的来表达愤怒（也称为问题导向型愤怒）、Campagna 等人（2016）提出以获取谈判利益为目的来伪装愤怒等都属于策略性表达愤怒。

表 2-1　顾客愤怒典型行为辨析

顾客愤怒典型行为	代表性研究	表达线索		伤害意图		直接指向愤怒对象	
		非言语	言语	有	无	是	否
顾客欺凌	占小军等（2015）；Wang 等（2011）	√	√	√		√	√
顾客言语攻击	Walker 等（2017）；Rafaeli 等（2012）		√	√		√	√
顾客攻击转移	Bushmann 等（2005）；Mc-Coll-Kennedy 等（2009）	√	√	√			√
策略性表达愤怒	Antonetti 等（2016）；Campagna 等（2016）	√	√		√	√	√

2.1.4.2　顾客愤怒表达的特性

近年来，学者们开始陆续对互动中个体如何表达愤怒情绪，即愤怒表达的特性进行探讨，主要涉及以下三个方面：

（1）强度。强度是最直观也最受情绪研究者关注的表达特性（Geddes et al.，2020）。根据情绪体验的强度差异，愤怒可以衍生出低强度的恼火、懊恼或沮丧，高强度的盛怒、残暴、怨恨等（Antonetti，2016）。相应的，这种强度差异也可以向外转化，体现在外显表达上。顾客愤怒表达强度指互动过程中顾客展现愤怒情绪的程度和频率，可通过皱眉强度和频率、音调高低、肢体动作幅度、言语的攻击程度等一系列展示线索来反映（Cheshin et al.，2018）。Patterson 等人（2016）指出，低强度愤怒（如怨恨的愤怒）表达主要反映在表情和言语线索上，包括轻微的面部表情、相对平和的语音语调、使用社会规范可接受的沟通用词等；高强度愤怒（如报复的盛怒）表达总体上会调用更多的表情，且表情展示幅度更大（如吹胡子瞪眼、涨红脸等），语音突然放大、语调陡然升高，沟通用词也极为难听（如破口大骂、谩骂诅咒），肢体动作上甚至出现伤害他人的打人举动等（McColl-Kennedy et al.，2009）。另外，McColl-Kennedy 等人（2009）以及 Patterson 等人（2016）的研究先后发现，怀有强烈愤怒体验的顾客在表达上还可能出现攻击转移的行为表现，即将怒气发泄到周围非相关个体身上，比如无关服务人员或旁观顾客。大量研究已经证明观察者能准确地识别出愤怒表达的强度差异（Dallimore et al.，2007；Patterson et al.，2016；杜建刚、范秀成，2009）。

（2）指向性。尽管外部归因是愤怒的个体认知评估的必要元素，但以往的文献暗示顾客在表达中到底将愤怒情绪指向何种外部实体仍有所差异。Walker 等（2017）通过对顾客电话投诉录音进行文本分析发现，依据其对第二人称代词的使用可以区分顾客愤怒是否直接指向接线员工。Bradley 等（2016）对顾客在线评论做内容分析后指出，员工感知顾客负面评论的指向有三种，可能指向涉事员工本人、员工所在团队或者服务组织。Hillebrandt 和 Barclay（2017）指出，可将情绪区分为即时的情绪（integral emotion）、偶然的情绪（incidental emotion）、介于二者之间的模糊情绪（ambiguous emotion）。即时的愤怒指由当前互动情境直接引发的愤怒情绪，偶然的愤怒是指由当前互动情境以外的其他因素诱发的愤怒情绪，可理解为与当前情境或情境中的参与主体无关，模糊的情绪则指无法明确判断顾客情绪的情境相关性。从情绪接受者角度来说，就会将捕捉到的情绪与当前情境或自身涉入程度联系起来，主观上区分对方的愤怒表达，从而做出相应的应对。

（3）真实性。在情绪表达研究中，另一个颇受关注的特性为真实性，真实性反映了个体情绪表达与其内心情感状态一致的程度（Z. Wang et al.，2017）。服务公司通常会制定情绪展示规则以限制服务人员的情绪表达，但情绪毕竟是个人体验，组织规定与个人体验之间的张力会导致员工情绪表达的真实性具有很大差异，进而导向不同后果。比如员工可能如实表现内心真实的情绪体验，也可能故意克制或者放大内心情绪体验，从而对外展现伪装情绪（廖化化、颜爱民，2014；冯柔佳 等，2020）。有鉴于此，有研究指出，员工情绪表达的真实与否是考评员工情绪展示的重要向度（Grandey et al.，2005；Z. Wang et al.，2017）。本研究认为服务互动的另一方——顾客在表达愤怒时，真实性也应存在差异。"顾客总是对的"（The customer is always right）和"顾客就是上帝"（The customer is the king）等服务行业的"金科玉律"赋予了顾客至高无上的权力地位，可能促使顾客形成不良观念，认为可以肆无忌惮地向服务提供者发泄愤怒，甚至导致顾客形成"会哭闹的孩子有糖吃"的错误预设（Glikson et al.，2019）。因此，顾客在表达愤怒时，可能出现故意放大其内心真实情绪感受的情况。

2.2 服务失败与补救

2.2.1 服务失败的概念与类型

服务的无形性、可变性、难储存性、生产与消费不可分性等特性使企业经营与管理存在高度不确定性，导致顾客与服务提供商（服务企业或一线员工）在服务接触中遭遇服务失败的情况（金立印，2004）。服务接触指顾客与服务提供者之间的动态互动过程，其中就包括服务失败，这是服务接触中的关键片段（金立印，2004）。Bitner 等人（1990）将服务失败定义为"在服务接触任一时点上，顾客需求未得到满足或结果低于预期的情况"。Smith 等人（1999）将服务失败视为顾客在服务接触过程中遭遇损失的情况。赵占波等人（2009）认为服务失败指"服务质量低于客户期望或出现服务故障"的情况，会导致顾客的消极公平感知、不满情绪及抱怨行为。

目前学术界广泛认同服务失败可分为两类：结果失败和过程失败。结果失败指企业提供的核心服务本身存在缺陷，包括有问题的产品、失败的服务等；过程失败指企业提供服务过程中出现的缺陷，包括服务人员态度问题、服务传递流程问题等（Smith et al., 1999；Van Vaerenbergh et al., 2014）。Roschk 和 Gelbrich（2014）基于资源交换理论，从顾客角度将服务失败分为四类，分别为金钱损失、有缺陷的产品、失败的服务以及服务人员缺乏关心。

大量服务研究已证明，服务具有高互动属性，一线员工是影响顾客服务质量感知与评估的关键因素，因此与服务人员有关的服务失败相当普遍（金立印，2004）。Bitner 等人（1990）发现，32%的顾客不满源自服务人员个人因素。金立印（2004）通过对中国餐饮服务业进行关键事件法调查发现，与服务员有关的互动性失败最容易引起顾客不满，其在所有服务失败事件中占比超过一半。Hess 等（2007）则明确提出与服务人员相关的互动性服务失败概念，即由一线服务员工对待顾客的不良方式引起的服务失败。

从以上研究可以看到，学者们普遍通过比较服务消费结果与顾客预期来界定服务失败：当服务结果低于顾客预期时，服务失败随即产生。结合上述研究，本书将服务失败定义为在服务接触过程中，企业服务低于顾客预期而引起顾客不满情绪的情况。关于服务失败的分类，主要包括结果失败与过程失败，其中又以过程失败中服务人员因素引发的失败事件最为常见。

2.2.2 服务补救的概念与措施

2.2.2.1 服务补救的概念

服务失败严重影响顾客体验，企业需要及时采取补救措施来缓解甚至消除顾客不满情绪。Grönroos（1982）首次提出服务补救概念，即企业为补偿遭受服务失败损失的顾客所采取的一系列纠正性行动，目的在于恢复顾客满意，增加顾客重购率。后续学者以此为基础，继续对服务补救的内涵进行扩展，逐渐形成了狭义定义与广义定义。

狭义的服务补救认为补救发生于服务失败事件之后（Voorhees et al., 2017）。其经典定义可参见 Smith 等人（1999）的文章，他们提出服务补救指服务失败发生后，服务企业为降低及补偿顾客损失从而提高顾客满意度和忠诚度所采取的一系列补偿行动。

广义的服务补救突破了将服务补救视为服务失败发生后企业与顾客接

触片段的局限，提出服务补救更像是一个动态的连续过程，目的在于对已经发生的或可能发生但尚未发生的服务失败进行预防与纠正。其比较典型的阐释来自 Van Vaerenbergh 等人（2019），他们将服务补救定义为由一系列补救事件所组成的动态过程，包括失败发生前的预防性补救、失败发生后的核心性补救，以及失败解决后的持续性补救三个阶段，以上过程共同塑造了顾客服务补救体验。其中预防性补救发生于企业意识到可能的失败与首次和顾客接触之时，企业通过准确预测来主动采取预防措施，避免失败发生，从而消除顾客体验受损的风险；核心性补救与狭义服务补救的内涵一致，是指在服务失败出现后，双方共同解决已经存在的问题的过程，补救可能成功也可能失败；持续性补救指企业完成补救后，顾客评估前两个阶段服务体验的时间段，此时服务企业的主要补救工作是分析和总结经验与教训，持续改进服务系统，以避免类似事件再次发生，进而提高顾客长期满意与忠诚。

从上述研究可以看出，尽管现有文献对服务补救的定义存在差异，总体而言仍呈现出以下特点：第一，服务补救是企业对服务失败做出的纠正性行动；第二，服务补救的对象是在服务失败中遭受损失的、带有不满情绪的顾客；第三，服务补救的目的在于缓解顾客不满情绪，提高顾客体验，最终获取顾客满意和忠诚。已有研究指出，在广义服务补救的连续互动过程中，顾客通常是在核心性补救阶段表达负面情绪，并且近97%的例行补救活动也都发生在该阶段（Van Vaerenbergh et al., 2019）。鉴于本研究重点讨论顾客愤怒情绪表达对一线员工服务补救行为的影响，因此本书主要关注服务失败已经发生后企业需要即时采取服务补救行为的阶段，也即传统的狭义服务补救。

2.2.2.2　服务补救措施与行为

通过梳理文献可以发现，目前国内外学者对企业服务补救措施与行为进行了广泛讨论，也取得了丰硕成果。现将其中具有代表性的成果归纳为表2-2。

表2-2　服务补救与行为措施分类

划分标准与依据	代表性研究	补救措施类别
社会交换理论与公平理论	Smith 等（1999）、彭军峰和景奉杰（2006）	经济补偿、补救速度、道歉、主动性

表2-2(续)

划分标准与依据	代表性研究	补救措施类别
企业具体应对措施	Gelbrich 和 Roschk（2011a）	补偿（包括经济补偿与心理补偿）、良好的服务行为（包括员工对顾客的友好态度）、有效的组织流程（包括及时、高效地回应和处理顾客抱怨）
资源交换理论（补救与损失的匹配）	Roschk 和 Gelbrich（2014）	经济补偿（对应金钱损失）、更换产品（对应有缺陷的产品）、重新提供服务（对应有缺陷的服务）、心理补偿如道歉与安慰（对应员工漠不关心的态度）
企业对员工的角色规定	Van der Heijden 等（2013）、Chan 和 Wan（2012）、Kim 和 Baker（2020）	核心服务补救行为/角色内补救行为（及时解决问题与礼貌对待顾客）、角色外补救行为（超出基本工作职责、非组织强制要求的补救行为）

Smith 等（1999）依据社会交换理论与公平理论，归纳出四种服务补救措施，分别是经济补偿（包括金钱、货物及时间等经济资源）、响应速度、道歉、主动性（指补救触发的发起方）。彭军峰和景奉杰（2006）在此基础上将道歉与主动性合并为心理补救，由此提炼出三种补救措施：经济补偿、补救速度、心理补救。

Gelbrich 和 Roschk（2011）基于以往文献归纳出企业应对抱怨顾客时会采用的三种补救措施：第一类是补偿，包括经济补偿（现金补偿、折扣与优惠券、替代有瑕疵商品或重新提供服务）与心理补偿（主要指道歉）；第二类是良好的服务人员行为，包括员工对顾客给予同情与安慰、友好细心、展现负责任态度等；第三类是有效的组织流程，包括及时、高效地回应顾客需求和处理顾客抱怨。

Roschk 和 Gelbrich（2014）基于资源交换理论，将服务补救视为重新提供资源以补偿顾客前期损失的过程，强调将顾客在服务失败中损失的资源与补救中提供的资源相匹配，才能最大化补救成效。具体而言，其研究根据资源的具体性和特殊性两个维度将服务补救措施分为四类：经济补偿对应金钱损失，更换产品对应有缺陷的产品，重新提供服务对应有缺陷的服务，心理补偿如道歉与安慰等对应员工漠不关心的态度。

此外，另一些研究从企业内员工的角色规定与工作职责范围切入提炼服务补救措施。比如 Van der Heijden 等（2013）针对一线员工在服务补救中的角色，提出一线员工核心补救行为是一个二阶变量，包括及时解决问题和礼貌对待顾客两个维度。Chan 和 Wan（2012）、Kim 和 Baker（2020）根据员工服务补救行为是否超出基本工作职责范围，将补救划分为角色内补救和角色外补救，其中角色外补救非组织强制要求，是指员工自发在补救工作中付出额外的时间和精力，其概念的内涵近似于指向顾客的组织公民行为，使用得当可带来积极的顾客反应。

通过归纳与总结上述研究，本研究发现服务补救措施主要包括三方面内容：迅速解决问题、礼貌对待顾客（真诚道歉及友好态度）、经济补偿。其中前两者属于一线员工在服务补救中的基本工作职责（Van der Heijden et al., 2013），至于员工是否有权力实施经济补偿则需要根据企业制度和具体情况而定。因此，本研究根据具体研究方法与研究情境，将采取核心服务补救（迅速解决问题、礼貌对待顾客）和经济补偿二者作为服务补救行为的具体指标以继续开展后续实证检验。

2.2.3 服务失败及补救中的顾客愤怒

服务消费具有高互动和高冲突特点，服务失败作为一种典型的社会交换失衡状态，会导致顾客的功利损失或者象征损失，继而诱发顾客愤怒、失望、焦虑、后悔、自怜等负面情绪（杜建刚、范秀成，2007；Van Vaerenbergh et al., 2014）。其中，愤怒是服务失败及补救过程中最常见的顾客情绪。当服务失败发生后，顾客基于前期预期进行"企业本该做成什么样"的反事实性思考，产生自己遭受不公平对待的感觉，顾客的自利偏差（self-bias）进一步强化了其对失败服务的外部归因，由此形成对服务提供商（服务企业或一线服务人员）的愤怒情绪（McColl-Kennedy & Smith, 2006；符国群、俞文皎，2004）。顾客愤怒会降低服务体验与评估，引起包括欺凌、负面口碑、报复等对企业有害的行为（Antonetti, 2016）。这迫切要求服务组织在服务失败发生时迅速采取补救措施：有效的补救能减少顾客愤怒，重新赢回顾客；无效的补救带来"二次偏差"，会加剧顾客愤怒，甚至诱发报复行为（Smith & Bolton, 1998）。

一线员工作为企业与顾客服务接触的"主要界面"，在实施服务补救、缓解或消除顾客负面情绪过程中发挥着关键作用（Van der Heijden et al., 2013）。一线服务人员能及时捕捉到顾客愤怒情绪，迅速做出有效响应，缓解或消除顾客的愤怒情绪，进而重新影响顾客的服务质量评估（McColl-Kennedy & Smith，2006）。大量研究已证明，顾客愤怒情绪在员工服务补救工作与顾客服务质量满意度评估之间起到了中介作用（Voorhees et al.，2017）。

有研究开始注意到，当顾客在服务互动中展现出愤怒这种极具传染性的情绪时，也会反向影响员工工作表现，这就要求实证研究转换视角，把顾客愤怒情绪放置在自变量位置，考察顾客愤怒对服务员工的人际影响（Glikson et al.，2019；Tao et al.，2016）。鉴于一线员工在服务补救过程中扮演的重要角色，本章接下来将对顾客愤怒与一线员工反应的影响的相关实证研究进行系统回顾及梳理。

2.3 顾客愤怒对一线服务员工的影响

2.3.1 研究视角比较

关于顾客愤怒对服务员工的影响研究，依据对顾客愤怒的操作控制差异可分为重复的个人视角（repeated individual level）和单次的服务接触视角（service encounter level）。重复的个人视角关注一段时间内重复出现的顾客愤怒事件，单次的服务接触视角关注单次服务互动中的顾客愤怒。相应的，重复的个人视角下的人际影响研究强调工作中持续遭受顾客愤怒对员工的累积影响，单次的服务接触视角则强调特定接触过程中单个顾客愤怒对员工互动反应的即时影响（Koopmann et al.，2015）。从理论上来说，一线员工如果在日常工作中反复与愤怒的顾客进行服务接触，经过数周甚至数月积累，将演变为以顾客为源头的工作压力，即由单次顾客愤怒向累积顾客愤怒转变（Dudenhöffer & Dormann，2013）。这两种研究视角在研究方法与研究变量上存在显著差异。接下来，本章将从上述两个方面视角出发，结合已有文献对二者进行简要比较。

2.3.1.1 研究方法

重复的个人视角基于员工感知，研究长期遭受顾客愤怒对员工的人际影响，主要采用员工自评量表测量顾客愤怒，通过问卷调查方式开展研究。比较有代表性的研究如下：Rupp 等（2008）与一家德国银行合作，开展了为期三周的实地调研，参与调研的员工通过填答问卷的方式就自己在过去半年内所遭遇的顾客不公平对待程度进行自评。Harris（2013）以客户服务中心为研究情境，通过问卷调研，测量了员工日常遭受顾客攻击、愤怒对待及顾客敌意对待的程度。M. Wang 等（2011）则以天为单位，基于客户服务中心情境，运用 18 个衡量顾客攻击与不公平行为的题项对员工一天内遭遇顾客欺凌的频率进行测量，度量表得分 1~5 分，分别代表"从来没有""有几次""不时""大多数时候""一直"。

单次的服务接触视角聚焦于一次性顾客愤怒表达，其研究角度更为多样，包括员工主观感知视角、第三方评估视角和客观的顾客表达视角，因此概念操作性更多样，研究方法也更多元。表 2-3 对一些代表性实证研究及控制方法进行了归纳。具体内容如下：

大部分聚焦于单次的服务接触视角的研究选择实验法，对顾客愤怒表达进行主动控制。Glikson 等（2019）在银行谈判的情境实验中利用文字作为刺激材料，通过改变文本中的愤怒言语陈述及标点符号（问号、感叹号）来控制不同强度的顾客愤怒表达。现实中顾客通过匿名电话发泄怒气的情形非常常见，故相当一部分研究选择客户服务中心作为情境来开展模拟互动实验。这些研究一般通过在音频中改变愤怒言语与语音语调的方式来控制顾客愤怒表达（Rafaeli et al., 2012；Rupp & Spencer, 2006）。Luo 等人（2020）则通过控制静态图片中的面部表情来控制顾客愤怒表达，其研究结论证明了该方式的有效性。考虑到视频刺激在调动情绪上具备更高的生态效度和社会丰富度（social richness），Dallimore 等（2007）选择招募专业演员通过展现非言语线索（表情、手势、肢体动作）方式来扮演愤怒的顾客，并录制成视频材料用于情境实验。

Jerger 和 Wirtz（2017）创造性地在快餐店内开展双盲的准自然实验，要求专业演员扮演对食物品质与分量不满意的抱怨顾客，通过面对面展现言语及非言语线索的方式向前台服务员表演愤怒情绪，由第三方研究助理秘密观察并评估双方情绪及员工反应。

Walker 等（2014）将顾客愤怒表达定义为顾客不文明事件，运用量表进行测量。具体来看，他们的研究首先通过与保险公司主管访谈、员工焦点小组访谈方式确定顾客不文明事件的选取标准，然后从该公司提取 430 个符合顾客不文明互动标准的真实音频材料，紧接着分析这些音频材料，归纳总结形成涵盖四个典型顾客不文明表现的测量量表，最后要求受过培训的第三方评判者收听每段音频，并对其中顾客的不文明表现出现频次进行打分。具体测量为"请根据您刚才听到的录音，评估以下行为的发生频率"，题项包括"顾客对员工使用了攻击性言语""顾客在与员工对话中使用了怪异腔调""顾客带有攻击性地问问题""顾客向员工陈述时表现得粗暴无礼"。

还有少数研究采用文本分析的方法。例如 Walker 等（2017）对保险公司顾客与接线员工的真实对话录音进行转录及编码，分析了顾客愤怒言语表达的内容特点。Harris 和 Reynolds（2003）与旅游接待业的顾客、员工、主管进行深度访谈，归纳总结出一系列不良顾客的不文明行为表现。

表 2-3　单次的服务接触视角下顾客愤怒表达影响
员工反应的代表性研究及方法

操作方式	代表性研究	研究情境	研究方法	具体研究方法
文字控制	Glikson 等（2019）	银行谈判	情境实验	采用文字刺激材料控制顾客愤怒强度，主要通过言语陈述和标点符号（问号、感叹号）来表达不同强度的顾客愤怒
音频控制	Rupp 和 Spencer（2006）	客户服务中心	模拟实验	在模拟互动中，由学生扮演客户服务人员接听伪装顾客的投诉电话。伪装顾客通过挑衅、不尊重、不公正控诉等方式向被试学生展现顾客愤怒
	Rafaeli 等（2012）	客户服务中心	模拟实验	基于服务公司真实录音，制作男性顾客言语攻击女性客户服务人员的音频对话材料，参与实验的学生需收听该音频刺激材料并做出即时反应
图片控制	Luo 等（2020）	酒店前台	情境实验	运用包含愤怒面部表情的图片作为实验刺激材料，展现遭遇服务失败后顾客的愤怒情绪，扮演前台服务人员的被试需根据情绪图片做出服务补救反应
视频控制	Dallimore 等（2007）	航空公司	情境实验	专业演员通过展现非言语线索（表情、手势、肢体动作、语音语调）来扮演愤怒的顾客，并录制成视频刺激材料

表2-3(续)

操作方式	代表性研究	研究情境	研究方法	具体研究方法
面对面互动	Jerger 和 Wirtz (2017)	快餐店	准自然实验	扮演顾客的专业演员在快餐店内通过言语及非言语线索向服务员现场表演愤怒情绪，由双盲的第三方研究助理秘密观察并评估双方情绪及员工反应
量表测量	Walker 等 (2014)	保险公司	问卷调查	将顾客愤怒定义为顾客不文明事件，要求受过专业培训的第三方评判者评估所听到的互动录音片段中顾客不文明行为出现的频次
文本分析	Walker 等 (2017)	保险公司	内容分析	对顾客与接线员工的真实对话录音材料进行转录及编码，分析顾客言语攻击的内容特点
	Harris 和 Reynolds (2003)	旅游接待业	深度访谈	通过与顾客、一线员工、主管进行深度访谈，归纳总结出一系列不良顾客的不文明行为表现

2.3.1.2 相关变量

Koopmann 等人（2015）在一篇综述文章中对两个视角下关于顾客欺凌实证研究的相关变量进行了详细比较。前文已提到本研究将顾客欺凌视为顾客愤怒表达的行为表现，因此 Koopmann 等人的总结适用于本章的梳理及分析。现归纳如下：

（1）前因变量：重复的个人视角相关研究在讨论顾客愤怒表达（顾客欺凌）时，前置变量多为稳定因素，包括组织政策（如组织规定的展示规则、服务传递策略）、员工工作特点（如工作自主权、工作复杂性、技能多样性、任务复杂性）、工作环境（组织支持与服务氛围）、员工个人特点（个性、认知能力、教育水平、情商等）等。单次的服务接触视角下的顾客愤怒表达（顾客欺凌）除了会受上述稳定因素的累积影响外，更容易受到即时因素的影响，比如顾客状态（心境、当下自我调控资源）、员工状态（心境、当下自我调控资源、工作与任务要求）、服务互动因素（服务质量、服务失败相关因素）、环境因素（拥挤度、温度及社会因素）等。

（2）结果变量：重复的个人视角下顾客愤怒程度及频率对员工的影响

主要反映在员工长期情感、态度及行为上，反复出现的顾客愤怒甚至会演变成日常工作压力，长期影响员工身心健康。其对员工的具体影响表现为：身体上引起暴饮暴食、睡眠质量低下，心理上诱发自我贬损、焦虑和情绪耗竭（Y. Liu et al., 2017）；身心失调又进一步影响工作行为，比如绩效降低、反生产工作行为增加（包括蓄意破坏顾客服务、故意损坏或偷窃公司财物等），还可能进一步降低工作满意度，增加工作倦怠，导致旷工、人员流失等。此外，长期累积的高压甚至会对员工日常生活造成负面冲击，比如加剧工作与家庭冲突、人际关系冲突、降低幸福感等。比较而言，在单次的服务接触视角下对单次顾客愤怒人际影响的讨论中，员工结果变量的选取体现出更强的瞬时性，主要集中于员工即时情绪反应、即时互动行为与服务绩效等（Groth et al., 2019）。

（3）中介变量：两种研究视角运用的理论机制有诸多重叠，例如都可以用员工的资源机制、情感机制及认知机制来解释，但二者在时间尺度上的不同又导致相关实证研究的中介变量选取存在很大差异。具体而言，重复的个人视角研究倾向于选择长时间尺度的中介变量，比如心理疲惫感、情感耗竭、不公平感等；单项的服务接触视角下的中介变量突出暂时性，比如当下情境里的思维灵活度、愤怒、对顾客或事件的推断、反刍水平等。

通过文献梳理可以发现，早期的研究大多聚焦于重复的个人视角，认为单次顾客愤怒表达对服务员工的影响有限。随着近年来学界对于打开服务接触过程"黑箱"的呼声日渐高涨，越来越多研究者开始强调对单个顾客愤怒表达事件人际效应的关注。正如 Walker 等人（2017）所指出的，实证研究落脚到单次顾客愤怒上意义重大，可促进企业重视每一次抱怨处理，有助于准确理解顾客与员工的互动反应，为提高危机应对能力和服务质量提供直接的、有针对性的建议。鉴于本研究重点关注服务失败及补救过程中顾客愤怒表达与一线员工即时服务反应的关系，接下来将针对单次的服务接触视角下的相关实证研究进行系统梳理和分析。

2.3.2 顾客表达愤怒的影响因素

大量文献已经验证了顾客与员工状态、服务互动因素（服务失败类型、服务失败严重程度等）、环境因素会导致顾客愤怒（Van Vaerenbergh et al., 2014）。鉴于本研究重点从情绪接受者的员工角度来考察顾客外显愤怒对服务员工的即时影响，故本部分综述内容仅对那些直接影响顾客内心愤怒向外表达转化的前置因素进行简要概述。刘影等人（2015）指出，当情绪体验被唤醒时，个体会有意识地调节情绪的自我表达，既可能增强调节（up-regulation），也可能减弱调节（down-regulation），后者又可叫作表达抑制（expression suppression）。通过文献梳理可以发现，影响顾客愤怒表达强化或抑制的因素主要为顾客因素、文化因素和其他因素。

2.3.2.1 顾客因素

顾客权力地位是影响愤怒表达的重要因素。Berdahl 和 Martorana（2006）发现，高权力地位者会克制自己的愤怒情绪，转向理性陈述观点。然而，大部分文献持相反观点，尤其是相关服务失败领域的研究者发现，"顾客至上"准则赋予了顾客比员工高得多的权力，使其可以自由表达怒气和不满，部分顾客甚至会形成"越愤怒越有利可图"的错误观念，反而故意无理取闹、大发雷霆，以期获得额外补偿（Glikson et al., 2019）。Grégoire 等（2010）通过实验证明，顾客权力与强烈的直接报复性伤害行为正相关，与温和的间接抱怨行为不存在任何关联。Van Dijk 等人（2018）发现，相较于高权力，低权力愤怒者在与他人沟通谈判时表现得更谨慎，会有意识地抑制负面情绪表达。

Groth 等（2019）通过梳理文献发现，顾客个性、自尊、感觉寻求需求①、马基雅维利主义②等都会影响顾客的愤怒表达。Chaplin 和 Aldao（2013）对比了儿童性别对表达愤怒的影响，结果显示男孩比女孩更容易无节制地表现愤怒。Compas 等（2001）比较了年龄的影响，发现随着年龄的增长，个体能逐渐意识到情绪表达的社会规范，增加使用有效情绪表达策略。

2.3.2.2 文化因素

东方和西方个体在使用表达调节策略的频率、意义和目的上存在显著差异（刘影 等，2015）。基于个人主义文化的西方社会强调独立开放、个性张扬，不提倡抑制情绪，鼓励自由表达；基于集体主义文化的东方社会则强调自我控制和人际和谐，重视面子和中庸思想，倡导最大化表达积极情绪，最小化表达消极情绪，因此个体更容易抑制愤怒表达（刘影 等，

---

① "感觉寻求需求"指一种稳定的人格特质。如果个体更倾向于寻求变化、新奇和复杂的感觉或体验，我们就说该个体感觉寻求需求高，是高感觉寻求者。

② "马基雅维利主义"是一种黑暗人格特质，反映了个体企图以操纵、欺骗和利用他人来达到自己的目标并为自己赢得地位的倾向。

2015；Surachartkumtonkun et al.，2015）。Patterson 等（2016）的跨文化比较研究支持了上述文化差异的影响，其研究进一步发现，尽管东方文化背景下的顾客更隐忍，通常是内心默默怨恨，但一旦越过表达阈值，他们将比西方文化背景下的顾客更为剧烈地表达愤怒情绪，例如肢体动作大幅增加，带有更多伤害他人的不良意图。除了个人主义和集体主义外，其他文化因素如不确定性规避、权力距离等也会影响顾客表达愤怒（Geddes & Callister，2007）。

2.3.2.3 第三方顾客因素

服务场景中如果有其他第三方存在，可能构成对顾客愤怒表达施加影响的环境因素。Albrecht 等（2017）研究表明，当有其他顾客在场时，愤怒的顾客会刻意放大对服务提供商的愤怒，以此期望激发其他顾客的道德愤怒，获得他们的支持，增加抵制顾客群体的规模，尤其是当愤怒的顾客与在场其他顾客认同度高时，这种公开曝光"有罪"企业、引起"公愤"的欲望更为强烈。但也有例外，Kim 等（1998）的研究发现，相较于无人在场，当实施愤怒报复的个体感知旁观者强烈关心公平与正义时，个体会为了顾全自我形象而抑制愤怒表达。

2.3.3 顾客愤怒的影响

2.3.3.1 情绪反应

关于顾客愤怒与员工即时情感或情绪之间关系的讨论主要集中在以下两个方面：

第一，顾客愤怒会造成员工的情绪困扰，引起其负面情感或情绪。一部分研究采用正负向情绪量表（PNAS）测量员工整体负向情感，发现与愤怒的顾客互动后，员工负面情感显著增加（Dudenhöffer & Dormann，2013；X. Y. Liu et al.，2019）。有研究甚至发现，即使到了第二天早上，有的员工仍会消极反刍，受到负面情感的持续冲击（M. Wang et al.，2013；Zhan et al.，2014）。另一部分研究则落脚到员工的具体情绪反应上，最常见的为员工愤怒（Dallimore et al.，2007；McCance et al.，2013），其他情绪还包括内疚（Spencer & Rupp，2009）、恐惧（Miron-Spektor et al.，2011）。例如，Spencer 和 Rupp（2009）通过模拟配对的互动实验发现，当顾客将怒气发泄到员工或其同事身上时，该员工会产生愤怒；当顾客将原本应指向特定员工的怒气发泄到该员工的同事身上时，该员工会产生内疚。

第二，顾客愤怒还会影响员工的情绪劳动。情绪劳动指员工根据服务组织情绪展示规则（展示组织期待的积极情绪和压制影响服务质量的消极情绪），调节和管理自身情绪表达的行为。它又可分为两种形式：仅从表面上改变面部表情的表层扮演、从内心深处调整情绪感受的深层扮演（Rupp & Spencer, 2006）。例如，Rupp 和 Spencer（2006）在角色扮演实验中发现，顾客愤怒导致员工更高水平的表层扮演，员工更难遵守情绪展示规则。Gabriel 和 Diefendorff（2015）通过客户服务中心模拟实验证明，在服务互动片段，接线员工的情绪劳动随着顾客愤怒的动态演变而不断变化：表层扮演与顾客愤怒程度正相关，深层扮演与顾客愤怒程度负相关，员工通话音调也与顾客愤怒程度正相关。

2.3.3.2 行为与绩效

服务人员的工作职责一般要求其在遇到顾客愤怒时做出迅速及时的行为响应。早期的学者研究发现顾客愤怒表达会对员工行为与绩效产生负面冲击，近来的研究揭示出顾客愤怒的积极效应同样存在。通过文献梳理可以发现，员工行为与绩效所受影响主要体现在服务破坏行为、组织公民行为、服务绩效三方面。

第一，服务破坏行为。服务破坏行为指在向顾客提供服务的过程中，员工故意做出的、会对服务质量造成负面影响的行为。负面影响包括影响顾客服务体验、降低组织服务绩效等（丁桂凤 等，2009）。大量研究表明，顾客愤怒导致员工难以遵守服务规范，同时出于自我保护的目的，员工可能做出针对顾客的服务破坏行为（Koopmann et al., 2015）。Wang 等人（2011）的研究表明，愤怒的顾客的欺凌行为一方面诱发员工愤怒情绪反应，另一方面也引起员工认知资源补偿与损耗的不平衡，两者共同导致员工难以自控，对顾客做出攻击性的服务破坏行为。Walker 等人（2017）对客户服务中心的电话录音进行质性分析后发现，顾客攻击性言语损耗了员工身份、认知、动机和社会等资源，由此减弱员工自控力，触发其通过增加不文明言语来补充资源。有研究甚至发现，员工服务破坏行为可能形成消极溢出效应，超越当前员工与顾客之间的双边互动，波及无关顾客、同事甚至其主管（Groth & Grandey, 2012）。

第二，组织公民行为。组织公民行为指员工自发做出的、能在总体上提高组织机能的行为，它不被组织正式奖励系统直接或明确承认。组织公民行为可以指向组织内部，也可以指向组织外部顾客（赵君 等，2019）。

现有文献尚未对顾客愤怒如何影响员工公民行为形成统一结论。一方面，研究发现，顾客愤怒减少了员工针对顾客的组织公民行为。Shao 和 Skarlicki（2014）分析了员工针对顾客的组织公民行为，即服务员工付出工作规定以外的额外努力去为顾客提供优质服务的情况。其研究通过对比加拿大和中国酒店员工面临顾客愤怒时的反应发现，个人主义员工（加拿大员工）倾向于直接、主动地惩罚特定的愤怒的顾客，从而对自尊和自我价值的资源损失进行补充；相反，集体主义员工（中国员工）倾向于采取被动、间接的方式，他们较少采取直接的服务破坏等对抗方式来恢复资源，同时基于集体主义思维，他们倾向于将所有顾客视为整体，因此减少了对后续无关顾客的组织公民行为，以此避免资源的进一步损失。另一方面，也有研究发现，顾客愤怒并不必然减少员工组织公民行为，甚至可能促进员工组织公民行为。比如 Chan 和 Wan（2012）的研究发现，尽管来自顾客愤怒的压力会损耗员工自我调节资源，但损耗效应仅体现在抱怨处理等角色内服务行为中，对角色外的服务行为不存在显著影响，这是因为角色外服务行为具有自发的、非强制的性质，并不会占用员工过多认知资源。Yue 等（2017）聚焦于指向同事的助人行为，其研究发现，尽管在前一日遭遇顾客欺凌的员工在第二日早晨仍然带有负面情绪，但其却可能做出更多帮助同事的行为，其背后的原因在于对同事的助人行为可对员工资源损耗起到有益补充。

第三，服务绩效。初期研究证据表明，顾客愤怒会影响员工服务工作表现。Rupp 和 Spencer（2006）的研究结论显示，顾客愤怒导致员工产生互动不公平感，增加了员工工作难度，致使其更难遵守微笑、礼貌和同情等展示规则。Rafaeli 等（2012）通过实验法证明，愤怒的顾客的言语攻击会加剧员工的自我损耗，降低认知注意力与工作记忆，减少任务绩效（包括回忆顾客请求和再认记忆）。随着研究的深入，顾客愤怒表达的非对称效应——对员工服务工作的正向作用开始显现。比如 Hareli 等（2009）通过实验发现，相较于顾客悲伤、愉悦的情绪，面对愤怒情绪的员工会推断该愤怒的顾客的损失和遭遇可信度更高，由此为该顾客分配更多经济补偿。同样是关注经济补偿，Glikson 等人（2019）实施了一系列基于银行谈判的情境实验。其研究结论显示，权力距离低的服务员工感知顾客的高强度愤怒比低强度愤怒的威胁性更高，因此愿意给予前者更多补偿；权力距离高的服务员工则感知到不合适程度更高，反而给予高强度愤怒的顾客更少的补偿。Jerger 和 Wirtz（2017）也发现，高权力地位的愤怒的顾客有助于促进员工的服务补偿。另一份值得注意的研究来自 Miron-Spektor 等人（2011），尽管其实验研究设定是从第三方观察者角度来收听顾客与客户服务人员的对话音频，而非处于二元服务互动中的员工，但也能为相关文献研究提供一些启示。他们的研究结果表明，音频中的顾客愤怒虽然窄化了观察员工的认知范围，降低了其在后续创造性解题任务中的表现，但也增加了其在常规的分析性解题任务中的表现。

2.3.3.3 身心健康

即使是一次性的顾客愤怒，也可能对员工身心健康造成不良影响。研究发现，愤怒的顾客的过激举动除了会威胁员工当下的人身或财产安全外，还可能持续降低员工的自我效能感，引起员工应激障碍，具体症状包括病理性幻觉重现、持续性焦虑、失眠等（Harris & Reynolds, 2003; Koopmann et al., 2015）。Reynolds 和 Harris（2006）基于关键事件的深度访谈发现，一些员工在服务接触中遭遇顾客无礼对待后，会在下班后加强体育锻炼，以此排解身心压力。

2.3.4 理论机制与中介变量

相关研究目前主要运用六个理论来解释单次事件中的顾客愤怒对员工的即时影响，又可以进一步归纳为三个机制：情绪机制，包括情绪感染理论、情绪事件理论；资源机制，包括自我损耗理论、资源保存理论；认知机制，包括情绪社会功能理论、认知反刍理论。

2.3.4.1 情绪感染理论

情绪感染有狭义和广义之分。狭义情绪感染指个体无意识地自动捕捉他人情绪展示，双方情绪最终融合与同步的过程，广义情绪感染泛指情绪从一个个体传递到另一个个体的过程（张奇勇、卢家楣，2013）。狭义情绪感染基于生物学基础的镜像神经模仿与反馈，凸显了"感"与"染"的自动化过程；广义情绪感染界定除了包含自动感染外，还涉及认知成分，容易引起情绪感染内核"不断扩大化而不知所指"的问题（张奇勇、卢家楣，2013）。根据个体展示情绪的正负效应，又可分为正负情绪感染。服务互动中顾客与员工之间的消极情绪感染主要指狭义的负向情绪感染（杜建刚、范秀成，2009）。

服务场域内顾客与员工的近距离接触与高频互动为情绪感染提供了绝

佳的社会情境（杜建刚、范秀成，2009）。当顾客表达愤怒时，员工首先会"捕获"顾客表情、肢体、语言等一系列情绪线索，然后通过镜像神经模仿及反馈在内心形成相同的消极情感状态，最终将愤怒对外表达出来，回敬给顾客（Dallimore et al.，2007）。顾客与员工之间的愤怒感染并不是单向、静态的，而是有可能出现循环交替的感染模式，形成感染螺旋，持续降低双方互动质量（杜建刚、范秀成，2009；X. Y. Liu et al.，2019）。基于情绪感染理论，相关研究通常选择员工愤怒情绪作为中介变量。

2.3.4.2　情感事件理论

根据情感事件理论，特定工作事件会激发员工特定情感，驱动员工做出相应行为反应（Weiss & Cropanzano，1996）。情感事件理论强调了情绪在"事件—情感—态度—行为"链条中的关键作用（李超平、徐世勇，2019）。采用情感事件理论的研究者将顾客表达愤怒视为员工工作场所中的消极事件，但受工作职责所限，服务员工往往不能自主选择退出当前互动，因此会引发员工负面情绪，包括愤怒、恐惧、悲伤、失望、恶心等，最终对员工态度或行为产生不良影响。采用情感事件理论的研究通常结合公平理论对变量之间关系进行推演与阐述：在服务接触前，服务双方通常都对友好互动有隐含期待，但顾客表达愤怒率先违背了预设的公平互动的交往脚本，员工于是将顾客展示负面情绪视为消极工作事件，产生人际不公平感，继而对顾客产生愤怒，由此导向员工的恢复公平行为，包括减少服务绩效或蓄意报复等（Groth & Grandey，2012）。鉴于不公平与愤怒情绪联系最为紧密，因此大多数以情感事件理论为解释框架的实证研究均选择员工愤怒情绪作为中介变量（Rupp & Spencer，2006；Tao et al.，2016）。此外，根据具体研究情境差异，也有部分学者选择一般性消极心境（Yue et al.，2017）、其他具体情绪如内疚（Spencer & Rupp，2009）、恐惧（Miron-Spektor et al.，2011）等作为顾客愤怒人际效应的中介变量。

2.3.4.3　自我损耗理论

自我损耗理论认为个体执行任务需要消耗与自我认知和调控有关的心理资源，然而这些资源的储量是有限的，执行一项任务会占用另一项任务所需的自我调控（李超平、徐世勇，2019）。当顾客违背和谐人际规范向员工发泄愤怒时，员工的下意识反应是愤怒和"以牙还牙"的报复行动，但受工作职责限制，他们非但不能表现出愤怒，反而还要继续保持微笑和同情。依据自我损耗理论，这种情绪克制便会耗费员工后续工作所需的自控资源，最终使员工情感、行为、身心健康受到负面影响（Koopmann et al., 2015）。

自我损耗理论尤其强调自我调控的中心作用，因此相关实证研究在中介变量选择上也基本集中在认知方面。工作记忆具有规划、整合信息和启动决策过程的功能，与认知控制资源密切相关。Rafaeli等（2012）证明了工作记忆在顾客言语攻击与员工任务绩效之间的中介作用。Miron-Spektor等（2011）发现，顾客愤怒诱发服务互动观察者的防御导向，包括感知威胁和恐惧感，由此减少服务员工思维灵活度，影响创新任务绩效；Chan和Wan（2012）证明了员工自控资源受损后心理疲惫感在顾客压力与员工抱怨处理绩效之间的中介作用。值得注意的是，上述研究同时发现，当从事无须占用过多核心认知资源的服务工作，比如熟悉度较高的例行任务（Miron-Spektor et al., 2011）或非岗位强制的角色外工作（Chan & Wan, 2012）时，员工服务绩效不会受到负面影响，甚至还有提高的可能性。这些研究证据都侧面证明了自我损耗理论的解释力。

2.3.4.4 资源保存理论

资源保存理论的核心观点认为人们具有维持、保护和获取有价值资源，同时最小化资源损失的倾向（Hobfoll, 1989）。由于同属资源机制，资源保存理论与自我损耗理论在解释顾客愤怒的人际效应时有诸多重叠。比如二者都提出顾客愤怒首先会减损员工资源，服务工作要求又进一步加剧了这种损失，导致员工服务质量连续损失。然而，这两种理论在应用上仍有所区别。自我损耗理论强调自我控制受损引发员工自动的消极反应，资源保存理论强调员工反应有主动防御与主动反抗的成分。已有学者指出，服务破坏行为可以算是员工补充资源损失的主动应对策略（Shao & Skarlicki, 2014；M. Wang et al., 2011）。这正好印证了资源保存理论中的"资源绝境"原则——当资源即将耗尽时，个体可能主动采取攻击行为来进行自我保护和防御（李超平、徐世勇，2019）。二者的另一个区别在于，自我损耗理论在界定自我调控共享或共耗资源时局限于认知调控资源，而资源保存理论囊括的资源范围更广，包括员工自尊与自我价值等身份资源、自我控制和心智能力等认知调控资源、自我效能等动机资源、社会支持等社会资源（Walker et al., 2017）。

采用资源保存理论作为解释机制的研究通常不会直接检验中介变量，而是选择突出调节变量的作用来侧面验证该理论的解释力，这可能与资源保存理论侧重于如何保护资源、减少损失有关。例如McCance等（2013）从社会资源角度切入，发现经历负面服务互动的员工可尝试通过与同事分享该经历或自身感受的方式，从工作场域内的社会交往中获得社会支持，从而减少消极情感。Walker 等（2017）研究发现，顾客攻击性词汇及第二人称代词的使用将加剧受顾客言语攻击的员工的自尊损失，进而增加员工不文明回应，而顾客积极情绪词汇则可以有效补充员工自尊损失，减少不文明回应。

2.3.4.5 情绪社会功能理论

情绪社会功能理论认为，情绪含有重要的信息价值，不同情绪蕴含着特定信息，个体表达情绪实际是通过传递社会信息影响他人认知、态度及行为的过程（李超平、徐世勇，2019）。情绪社会功能理论打破了前人对情绪表达的固有认知，创造性提出"情绪不是终止于他人识别，相反它开始于被识别"的观点（Hareli et al.，2009）。已有理论文章指出，愤怒情绪的认知属性可促进观察者从他人愤怒表达中解读出高权力地位、强硬态度、可信性等信息（Hareli & Rafaeli，2008）。

情绪社会功能理论在剖析和解释顾客愤怒表达与员工反应关系中着重强调正效应。比如，Hareli 等人（2009）研究发现，愤怒暗示着顾客消费目标受阻，可为顾客抱怨说辞提供非言语的补充证据，在抱怨本身正当性模糊时，尤其能够增加服务人员的经济补偿，其中员工认知推断的顾客损失可信性及抱怨可信性充当了链式中介的作用机制。Glikson 等人（2019）的研究也表明，强烈的顾客愤怒可以促进员工考量顾客的权力和强硬态度，进而使员工对顾客表达合适性和顾客威胁形成认知和判断，最终影响其经济补偿。

2.3.4.6 认知反刍理论

员工在一段时间内反复、有意识地回想失败事件的过程即认知反刍（M. Wang et al.，2013）。一线员工的核心工作目标是提供优质服务、保证顾客满意。顾客愤怒直观地反映了员工的工作失败，容易使员工在服务接触后反复进行"情境回放"，给员工身心健康带来消极影响。研究发现，一线服务员工下班后会不断回忆白天遭遇的顾客消极互动事件，这种反刍过程放大了员工的负面情感，甚至会延续到第二天早上，影响新工作日的任务表现。员工前一晚的反刍水平在上述影响过程中起到了关键的中介作用（McCance et al.，2013；Zhan et al.，2014）。

2.3.5 调节变量

服务接触并非发生在真空中，顾客愤怒与员工反应之间的关系受到一系列调节因素影响，包括员工变量、顾客变量、组织变量及情境变量。具体分析如下：

2.3.5.1 员工变量

第一，能力。Rafaeli 等（2012）关注换位思考能力的调节，指出有些员工天生就擅长从他人角度思考问题，更容易理解顾客立场，可增强员工的互动控制感，有效减少顾客攻击性言语对任务绩效的不利影响。Chan 和 Wan（2012）跳脱出他人视角，将换位思考定义为员工以建设性方式重塑与重评消极情形的能力。其研究发现，换位思考能力高的员工善于将注意力从负面情感转移到当前服务工作中，因而心理灵活度更高，更能专注于"微笑着提供服务"。另一个典型能力是情绪管理能力。研究发现，情绪调控自我效能高的员工会付出更多努力调节自身消极情绪，抑制对粗鲁顾客的报复动机（M. Wang et al., 2011）。

第二，工作因素。工作相关因素主要通过认知机制发挥调节作用。Wang 等人（2011）验证了工作年限和工作承诺的影响，发现工作年限越长越能带来丰富的工作经验和岗位知识，可作为认知资源增加员工自控力，减少反应时间，抑制服务破坏；对服务工作的高承诺也可作为资源补充，保证员工在面对顾客刁难时仍以专业、友好的方式回应。然而，Wang 等人（2013）的后续研究发现，承诺更高的员工也更看重良好服务互动的工作目标达成与否，反而对顾客愤怒更为敏感，有可能产生反刍的负面结果，如下班后反刍增加，消极情感持续影响第二天工作表现等。此外，研究还发现，顾客导向有助于自我调控，能够帮助员工适应性地应对顾客愤怒（Grandey et al., 2004；Yue et al., 2017）。

第三，自我调控实践。McCance 等（2013）的研究表明，社会分享是一个重要的调控策略。如果员工愿意将不愉快的互动经历分享给同事，可有效减少该员工对顾客愤怒的反刍。McCance 等人的研究进一步揭示出，在降低员工愤怒的效果方面，分享自己从该段经历中反思总结出的积极经验显著优于仅分享经历本身和自己的消极情绪。然而，Zhan 等人（2014）的实证结果并未支持上述结论，他们解释称社会分享可能激活了员工对消极体验的重现和反刍，反而抵消了社会分享的积极作用。此外，Liu 等人（2019）将情绪劳动视为自我调控策略加以讨论，他们通过动态准自然实验发现，表层扮演会增强员工对顾客负面情绪的模仿，深层扮演则相反，会抑制这种模仿。

第四，特质与性别。研究发现，那些具有特质型负向情感的员工通常拥有更消极的世界观，对顾客愤怒更敏感，情绪耗竭也更严重，因此其表层扮演和顾客报复行为明显增加（M. Wang et al., 2011）。Skarlicki 等（2008）探讨了道德认可的调节作用。道德认可指个体围绕一系列道德准则形成的自我概念，包含内在化和象征化两个子维度，二者的调节作用呈现出差异。Dallimore 等（2007）发现性别同样具有调节作用，男性服务员比女性服务员对顾客愤怒更敏感，更容易表现出愤怒，也更少遵循公司制定的情绪展示规则。

2.3.5.2　顾客变量

第一，顾客愤怒表达的言语特征。顾客展现愤怒的言语使用会调节员工反应。Walker 等人（2017）发现，在服务互动中，顾客对第二人称代词的使用如"你""你的"等用词会损耗员工自尊与自控力，强化顾客攻击与员工无礼行为之间的正向关系；顾客随意打断服务员说话次数又进一步放大了上述效应，形成高阶调节。不过，如果顾客能适当地使用一些积极情绪词汇，倒是可以减弱上述关系，因为这些积极用词可补充员工资源损耗。Miron-Spektor 等人（2011）发现，当顾客用"你的服务可真棒啊！"之类的讽刺方式来表达愤怒时，反而能促进员工思考，进而提高创造型任务绩效。

第二，社会地位。社会地位反映了个体对资源的控制权和影响力。人们通常认为社会地位高者更有能力，因此对其有更高的容忍度。Jerger 和 Wirtz（2017）通过准自然实验发现，餐厅员工对着装正式、妆容精致的高社会地位顾客更宽容：情感上表现出更少愤怒，行为上更倾向于提供补偿。但 Rafaeli 等（2012）在实验室研究中得出了不同结论。他们发现，当员工面对愤怒的星级顾客时工作表现更差。上述不一致结论可能源于社会地位的实验控制不同：前者是准自然实验中员工面对面观察顾客外貌与着装，后者则在实验室中让员工通过文字资料了解顾客愤怒等级。后续研究需格外注意研究采取的互动形式差异。

2.3.5.3　组织情境变量

第一，组织支持。来自主管和组织的支持作为关键社会资源，可有效减少顾客愤怒的消极影响。研究显示，主管支持能补充员工资源损失，减少服务破坏行为（M. Wang et al., 2011），同时还能为员工带来工具性帮助和积极的工作关系，压力大的、自我损耗严重的员工尤其能从中受益，使其疲惫感降低，内部工作动机增强，服务工作绩效明显提升（Chan &

Wan, 2012）。Wang 等人（2013）发现，感知组织支持，即员工对组织重视员工贡献、关心员工福祉程度的总体看法，可以帮助员工重获自信，抵御员工反刍引起的持续负面冲击。

第二，服务氛围。服务氛围反映了组织对优质服务质量的重视，对服务型企业尤其具有战略性意义。服务氛围浓厚的组织有清晰的服务政策与规章制度，有利于员工对顾客导向形成共识；相反，在服务氛围薄弱的组织内，员工执行服务工作时随意性较大，更容易受顾客负面情绪干扰（Hong et al., 2013）。Jerger 和 Wirtz（2017）研究发现，服务氛围可以帮助员工内化组织对优质服务的期许，减少员工对顾客的愤怒，增加服务补偿。

第三，组织策略。Harris 和 Daunt（2013）通过深度访谈总结出有助于减轻顾客愤怒的消极影响的六个组织策略：①企业可以在招聘过程中使用人格特质筛查，挑选具有高社会技巧、高换位思考能力的应聘者；②还可以将如何应付无礼顾客的工作指南纳入入职培训中；③对遭受顾客刁难的员工给予额外的物质奖励和心理补偿；④合理配置服务团队；⑤还可为员工提供心理咨询，鼓励其分享经历，消除不良情绪积压；⑥适当改变服务场景来预防冲突升级，如增加服务柜台、安装可保存证据的监控设备等。

2.3.5.4　其他变量

第一，文化背景。Glikson 等（2019）发现，拥有高权力距离文化背景的员工会给低强度愤怒的顾客更多补偿，低权力距离员工则会给高强度愤怒的顾客更多补偿。Shao 和 Skarlicki（2014）探讨了个人主义和集体主义的差异，认为个人主义背景下的员工对世界持分析性假定，会独立看待每一个顾客；集体主义文化背景下的员工持全局性假定，倾向于将所有顾客看成一个群体。其实证结果表明，加拿大员工比中国员工做出了更多直接针对该愤怒的顾客的服务破坏行为，中国员工则比加拿大员工做出了更少的间接地指向所有顾客的组织公民行为。

第二，事件模糊性。Hareli 等（2009）通过实验研究发现，当顾客抱怨明显不正当时，员工会减少经济补偿；当顾客抱怨的正当性模糊时，员工会增加经济补偿。

第三，时间压力。Wegge 等（2007）在电话客户服务中心开展了模拟实验，结果显示，如果要求接线员高效完成热线对话，反而会增加员工面对难缠顾客时的情绪失调和精神压力，降低服务质量。

顾客愤怒对服务员影响的实证研究模型见图 2-1。

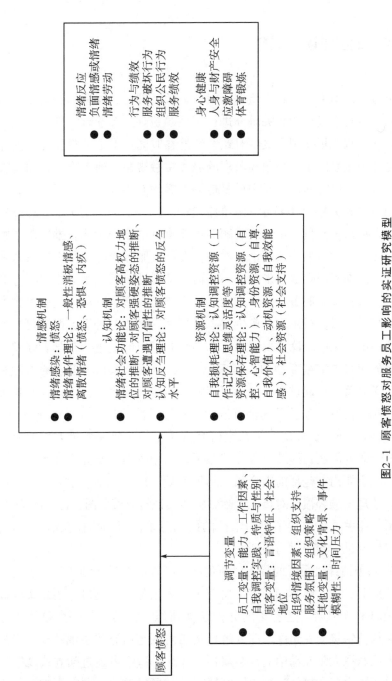

图2-1 顾客愤怒对服务员工影响的实证研究模型

注:该图为笔者对相关实证研究进行整理所得。

2.4 文献评述与展望

截至目前，本书已对顾客愤怒、服务失败及补救、顾客愤怒对服务员工的人际影响几个板块的相关研究进行了系统梳理。关于顾客愤怒对服务员工的人际影响，根据现有文献对顾客愤怒在时间尺度上的操作化定义差异，又可分为重复的个人视角和单次的服务接触视角。前者将顾客愤怒控制为员工评估一段时间内工作中反复遭遇顾客愤怒事件的程度或频率，后者聚焦于单次服务接触中特定顾客的愤怒表达（Koopmann et al.，2015）。笔者以个人视角考察员工重复遭受顾客愤怒事件的累积影响，推导出了顾客愤怒人际效应为负的一致结论。然而，在单次服务接触视角中考察顾客愤怒对员工的即时影响更为复杂，一方面，员工被要求在服务顾客时遵守工作要求，坚持优质服务；另一方面，作为"有血有肉"的人，面对顾客愤怒的不当对待时，员工难免产生"以牙还牙"的报复冲动，两种可能的影响导致得出确定的结论愈发困难（Tao et al.，2016）。近年来学者强烈呼吁打开服务接触中情绪互动的"黑箱"，指出厘清单次顾客愤怒的人际影响实践意义显著，可促进企业深刻理解顾客与员工的服务互动，为改善员工危机应对和提升服务质量提供直接的、有针对性的建议（Walker et al.，2014）。本研究简要梳理两个视角在研究方法与相关研究变量方面的差异后，结合本研究问题，继续对服务接触视角内相关实证研究展开系统、详尽的综述，主要内容包括前因变量、结果变量、理论机制与中介变量、调节变量，整理出顾客愤怒对员工人际影响的实证研究模型图，详见图2-1。综合来看，相关文献取得了较为丰硕的研究成果，但仍然存在诸多不足，有待后续研究进一步探讨与验证。

（1）基于情绪接受者的员工感知角度对顾客愤怒进行细化。在现有关于顾客愤怒对员工人际影响的实证研究中，无论是量表测量，还是实验控制，都倾向于从情绪表达者角度分析顾客愤怒，将其作为一个整体来分析，缺乏从情绪接受者角度来深入解析员工对顾客愤怒的主观感知，未能凸显顾客愤怒在人际互动中的社会属性。比如一些学者通过问卷或观察研究，测量了单次服务接触过程中顾客愤怒（如顾客欺凌、顾客不文明行为等表现）的程度或频次，考察其与员工变量之间的关系（Walker et al.，

2014）；又如一些学者通过实验法控制顾客愤怒（包括顾客言语攻击、顾客抱怨等），将其与无情绪或其他情绪组做比较，据此考察人际影响效应（Dallimore et al.，2007；Hareli et al.，2009；Miron-Spektor et al.，2011）。Weingart 等人（2015）发表在 *Academy of Management Review* 期刊上的理论文章指出，冲突是连接表达者与接受者的"桥梁"，尽管冲突始于表达者，但只有从接受者角度去解析他们对冲突表达的理解，才能准确预测冲突互动的发展走向。服务互动中顾客展示愤怒情绪属于典型的情感冲突，因此有必要基于员工感知对顾客愤怒进行深入剖析，以便准确把握和预测服务员工在情感、认知与后续行为上的真实反应。

事实上，最近已有不少学者开始呼吁从情绪接受者如何理解情绪展示的角度去探究双方互动，认为可以从情绪表达特性进一步切入（Glikson et al.，2019；Wang et al.，2017）。强度是最基本、最直观的情绪表达特性，反映了情绪接受者对情绪表现程度的直观感知。有关愤怒强度如何影响情绪接受者的问题已陆续得到关注与讨论，比如组织行为研究者 Geddes 和 Callister（2007）与谈判研究者 Adam 和 Brett（2018）先后提出愤怒强度与情绪接受者反应可能呈现倒 U 形关系，服务营销学者 Glikson 等（2019）从员工权力距离的调节作用入手，率先强调了服务互动中顾客愤怒强度对员工服务补偿的不同影响。后续服务研究者可继续深入探索愤怒强度的影响，比如验证倒 U 形效应在顾客愤怒强度与员工反应关系中是否成立。根据前期文献，本研究还归纳出顾客愤怒的另一个表达特性——指向性。尽管研究者普遍赞同顾客愤怒具有外部归因的基本属性，但这种外部指向性仍可继续细化。已有研究提出顾客愤怒的对象既可以指向直接互动员工，也可以指向其他不在场员工，还可以指向整个企业，或者可以指向不可控的情境因素，甚至可以指向其他顾客，这种指向差异也可以作为观察员工感知和识别顾客愤怒的因素（Hillebrandt & Barclay，2017；Tao et al.，2016；Gelbrich，2010）。对指向差异的感受还可能与接受员工主观感知的自身受影响程度存在相关关系，继而影响其后续行为反应（Lebel，2017）。未来的研究可通过实验设计来比较顾客愤怒的不同指向对服务员工的不同影响。此外，本研究推测，作为愤怒情绪接受者的员工还可能对顾客愤怒的真实性做出评价。已有研究表明，在人际互动中的个体可能策略性伪装愤怒，包括展现并不存在的愤怒、有意放大或抑制愤怒，这些举措既可能给情绪表达者带来好处，也可能适得其反，导致情绪接受者形成不真实的印象感知（冯柔佳 等，2020）。研究证明，当顾客感知员工展示的积极情绪不真实时，会降低服务质量评估（Wang et al., 2017）。反过来，如果员工感知顾客愤怒展示不真实，又会做何反应？本研究大胆预测，即使感知到顾客故意放大怒气，相对弱势的员工也只能"敢怒不敢言"，至少在表面上仍会坚持基础服务工作，在背地里则可能采取破坏报复行为。未来的研究可对此展开实证检验。进一步地，在一个框架内整合员工对顾客愤怒的多种特性感知，考察它们对服务员工的差异化影响，以及不同特性感知之间的潜在交互效应可能是更有价值的未来研究方向，值得后续学者探索。

（2）将服务补救行为作为结果变量进行系统考察。通过梳理现有文献可以发现，员工结果变量可分为情绪反应、行为与绩效、身心健康三类。其中服务组织最为关切的应为行为与绩效，因为员工行为与绩效直接决定了服务质量评估。相关实证研究在影响结果的考察上又将其归纳为服务破坏行为、组织公民行为、服务行为与绩效三个方面。大多数研究选择服务破坏行为作为结果变量，原因可能在于人们普遍消极地看待顾客愤怒，认为服务破坏行为是最符合直觉的员工反应指标。然而最近也有学者提出，顾客愤怒并不一定具有破坏性，关键取决于作为观察者的员工的主观能动性（Miron-Spektor & Rafaeli, 2009）。另一个问题是，局限于讨论顾客愤怒与服务破坏行为之间的关系可能导致对潜在积极效应的忽视。有几篇文章关注了员工组织公民行为，但根据组织公民行为概念的内涵，员工实施组织公民行为是自发的，服务组织不能就此提出过多要求，可控性相对较低，故研究应用性受限。至于服务行为与绩效部分，现有研究分散地讨论了面对顾客愤怒时员工对服务规则的遵守情况、回忆顾客请求的绩效等。然而，本研究认为，考虑到愤怒情绪最常见于服务失败与顾客抱怨情境中，从服务补救角度切入来选取结果变量可能更为贴切。笔者发现，目前有三篇文章谈及服务失败与补救情境，集中探讨了顾客愤怒对员工经济补偿的差异化影响（Glikson et al., 2019; Hareli et al., 2009; Jerger & Wirtz, 2017）。从服务补救的理论综述中可以看到，员工服务补救行为包括核心服务补救行为与经济补偿。其中核心服务补救行为又分为及时解决问题、真诚道歉并礼貌对待顾客（Van der Heijden et al., 2013），而经济补偿并非必要，可以说现有文献对服务补救效应的探索未免片面。考虑到以上三篇文章均受谈判领域内情绪表达与报价关系相关文献启发，选择反映数值特征的经济补偿作为结果变量也就不足为奇了。跨领域的交叉研究有"繁衍"理论贡献的潜力,但应充分体现研究情境的特殊性(陈晓萍 等,2014)。目前尚无研究专门以服务失败及补救行为为研究情境。整合三种典型性补救措施作为结果变量进行联合讨论,本研究认为此举可丰富现有文献,具有重要的理论与实践意义。

(3)整合现有理论机制。现有理论机制在分析顾客愤怒与员工反应之间的关系时都具有一定解释效力,但稍显分散,缺乏整合的理论框架,导致研究结论分化。具体而言,情感机制认为顾客愤怒引发员工消极情感和情绪,资源机制提出顾客愤怒损耗员工资源,二者均导向负效应。认知机制内采用情绪社会功能理论的研究强调员工以顾客情绪作为信息进行理性推断,由此推导出正效应;而采用认知反刍理论的研究则重点关注服务接触中单次顾客愤怒的持续影响,发现顾客愤怒的负效应会延续至第二天,持续降低员工工作绩效。不同理论的基础假定本就大相径庭,结论出现差异在所难免:资源机制强调顾客愤怒的负面属性会损耗员工资源;认知机制中的情绪社会功能理论突出了员工对消极互动事件的认知重评,由此带来建设性应对行为;至于情绪机制,已有研究仅关注一般性的员工消极情感或员工愤怒情绪,得出负效应结论稍显片面。员工消极情感反应并非只有愤怒这一种情绪,还可能有恐惧、内疚、无助等,这些情绪尚未得到足够的学术关注,学者们更应看到消极情绪也有带来积极效果的可能性。举例来说,员工面对顾客愤怒可能产生恐惧,恐惧的员工出于自我保护动机,反而会积极补救来避免被领导惩罚(Lebel,2017);员工也有可能对愤怒的顾客的遭遇感到内疚和后悔,从而努力工作以尽力弥补(Sugathan et al.,2017);甚至是目前已被广泛讨论的员工愤怒情绪,也可能通过激发员工自我效能来促进其服务工作表现(Lebel,2017)。

面对上述研究局限与机会,本研究认为一些新兴的、解释情绪人际影响过程的整合理论框架值得借鉴。情绪即社会信息理论(emotion as social information theory)合并考察了观察者的情感和认知双路径,Hareli 和 Rafaeli(2008)的情绪循环理论(Emotional cycle theory)也相对全面地整合了现有情感与认知机制。根据情绪循环理论,顾客愤怒可能首先诱发员工愤怒感染,由此降低员工服务表现;其次,顾客愤怒也可能引起情绪诠释,员工产生互补的不同类型情绪(恐惧或内疚),由此提升员工服务表现;再者,顾客愤怒还可能促进认知推断,员工推测出顾客强硬姿态和高权力地位,由此促进员工服务表现;最后,未来的研究还可以开发囊括情感、资源和认知三大解释机制的总体理论，搭建类似"顾客愤怒→资源机制→情绪反应和认知机制→员工反应"的逻辑框架，系统整合及解释现有不一致结论。

（4）挖掘组织情境特征变量和人际关系变量的调节效应。关于顾客愤怒与服务员工反应之间的关系的调节影响，现有研究主要集中在个人变量上，包括作为愤怒情绪接受者的员工相关变量和作为愤怒情绪表达者的顾客相关变量。有少数文献关注到组织情境特征下的组织支持这一变量，但是仍需更多研究来探索其他更能反映服务企业特征的调节变量。服务氛围就是服务企业最为关键的环境特征变量之一，反映了组织对优质服务的重视与支持。已有不少研究基于社会交换理论证明了服务氛围与员工绩效的直接正向关系（Hong et al., 2013），但将其视为服务互动调节变量的实证研究仍然稀缺（Gong et al., 2020）。针对强弱服务氛围下顾客愤怒与员工反应之间的关系是否存在差异这一问题，现有文献并未给出答案，值得未来的研究者进一步探索。

另外，目前的文献还严重缺乏对员工与顾客之间人际关系变量调节作用的讨论。尽管大部分服务消费为"一次性交易"（one-shot deal），但服务接触的本质依旧是人际互动（Bitner et al., 1990），因此反映关系联结状态的人际因素不可忽视，其决定了情绪作为一种沟通媒介如何在双方互动中起作用。大量关系营销证据显示，服务接触双方的相似性能够提高关系融洽度，有利于服务互动（Gremler & Gwinner, 2000）。未来的研究可考察双方相似性的调节，既包括学历、性别等人口统计特征，也包括共享价值观、生活方式等主观因素。Lim 等（2017）还提出表达相似性的概念，即目标个体非言语表现形态与观察者自身接受度的匹配程度，他们的研究证明表达相似性同样会影响服务互动质量。另外，在强调长期关系和顾客忠诚的金融服务业和医疗健康服务业中，顾客与服务员工之间还可能存在长久的持续性关系联结。中国是一个人情化社会，人际交往甚至讲求"情大于理"（陈晨 等，2017）。一方面，当员工目睹"有交情"的顾客成为服务失败"受害者"而发泄愤怒时，能对其遭遇感同身受，愿意充分调用组织资源来帮助"朋友"（Zablah et al., 2017）；另一方面，熟识的顾客直接发火也可能被员工视为"不留情面""不给面子"的表现，反而让员工陷入尴尬境地，造成员工"口服心不服"，表面维持和气，背地里却"暗自使坏"。未来可对人际关系因素的调节效应进行跨文化比较研究，相信此类尝试能充分发现中国本土情境的特殊性。

（5）考察愤怒的顾客与服务员工的动态互动。现有研究基本聚焦于单一员工视角，采用事件回忆或者情境实验等静态研究方法，严重缺乏交互的动态研究。本章梳理了顾客愤怒影响服务员工的实证研究，情绪劳动研究者也已对员工情绪如何影响顾客情绪及服务评估相关话题进行了广泛讨论，综合两派研究可得出服务双方情绪存在交互影响与动态演进的可能性的结论。在一份最新的研究中，Liu 等人（2019）通过准自然实验对顾客与员工之间的情绪互动进行了配对追踪，证实服务双方情绪会循环、交替影响，再次确认了服务中情绪动态、瞬时以及双向互动的基本特征。因此，在一个研究框架内，将顾客与员工作为双研究主体，探索服务交互双方的动态情绪及行为变化是有价值的研究方向，有助于研究者和管理者全面透视服务互动过程。对于把握这种动态过程，第三方观察法、纵向的经验抽样法（如日志研究）、先进的可穿戴设备技术等都是可行的研究工具（Groth et al.，2019）。

（6）超越二元互动，探索第三方顾客的作用及所受影响。相当一部分服务消费发生在公共场域内，除直接互动的顾客与员工外，可能也有其他参与方在场，形成多元服务生态（multi-actor service ecosystem），其中就包括第三方顾客（Vargo & Lusch，2017）。针对本研究所关注课题——服务失败及补救中顾客愤怒与服务员工反应之间的关系，本研究认为可从第三方顾客切入，将二元互动延伸至多元互动。最近有研究揭示，在传统的"一对一"服务失败及补救过程中，第三方顾客的作用及所受影响有着重要的研究价值（Albrecht et al.，2017；Chen et al.，2020；Du et al.，2014）。

笔者认为有待研究的方向包括以下几点：

首先，顾客的愤怒可能具有滞后性影响，对员工与第三方顾客的后续服务互动产生遗留影响：一方面，员工可能通过反刍消极服务互动对顾客群体形成无差别敌意，从而有意识地将怒气转移至无辜顾客身上，或者员工也可能因前期认知资源受损而难以集中精力确保后续服务绩效；另一方面，员工也有可能通过全力服务好下一位顾客来恢复自尊与自我效能感，由此提高后续服务绩效。

其次，顾客的愤怒表达同样会诱发第三方顾客的情绪反应，比如旁观顾客受到顾客的愤怒感染，站在"顾客同盟"立场对员工表达愤怒，从而加重员工承受的情感压力（Chen et al.，2020）；或将顾客视为欺负员工的

"作恶者"，进而对顾客产生道德愤怒，对服务员工产生同情，对整个服务接触感到尴尬，做出支持员工的行为（Hershcovis & Bhatnagar，2017）。第三方顾客的这些情绪反应既可能影响其本身对服务质量的预期与体验，也可能作为环境线索被顾客与员工捕捉到，从而对双方服务互动产生调节影响（Albrecht et al.，2017）。

最后，场域内多方参与者的情绪可能汇聚并持续发酵，导致服务交互变成一个"盛满情绪的容器"，动态影响各方情绪、态度和行为（Hareli & Rafaeli，2008）。因此，在未来，有必要将第三方顾客的作用及其所受影响纳入研究框架中进行深入讨论，预期可以丰富和深化顾客愤怒的人际效应理论研究。

2.5　本章小结

本章为本研究的文献综述部分，围绕本研究问题，对顾客愤怒、服务失败及补救、顾客愤怒对一线员工的影响等相关文献进行了系统回顾，并就现有理论研究的局限进行评述，进一步阐述了未来的研究方向，为后面的研究框架、理论模型构建与假设推演奠定了坚实基础。

3 研究框架、理论模型与假设推演

基于上一章对国内外相关文献的梳理与总结，笔者发现顾客愤怒对服务员工的人际影响研究可分为重复的个人视角和单次的服务接触视角。本研究重点考察一线员工在单次服务接触中对顾客愤怒做出的即时回应，这既是研究的前沿，有助于打开情绪互动的"黑箱"，又可为实践中员工及管理者做出优质服务补救提供直接的、有针对性的建议。本章着重探讨服务失败及补救中顾客愤怒对一线员工服务补救行为的影响过程。首先，在阐明研究情境的基础上，基于主要研究问题选择相关理论构建总体框架模型，清晰定义与解释理论框架内所涉及的核心变量；然后，提出并构建研究假设，根据已有文献推演变量间逻辑关系，形成完整的理论模型。

3.1 总体研究框架

3.1.1 研究情境

服务接触包含顾客与服务提供商（企业或一线服务员工）之间互动的任何"关键时刻"（moment of truth），这些时刻共同塑造了顾客的服务体验，对服务质量评估具有重要影响（Voorhees et al.，2017；李军、李志宏，2014）。服务失败及补救是其中最典型的"关键时刻"，显著影响顾客满意与组织绩效。服务失败及补救描绘了这样一种互动过程：当企业提供的服务低于顾客预期时，顾客因感到损失而体验到负面情绪，而且有可能将情绪发泄出来，此时作为顾客"主要接触点"（primary contact point）的一线员工需要及时、恰当地实施补救（Chan & Wan，2012）。有效的补救可以重获顾客满意和忠诚，无效的补救则可能导致顾客流失，甚至引发顾客报复行为（Smith & Bolton，2002）。由此可见，服务失败及补救中充斥着顾客消极情绪，员工通常也需要就此做出行为回应。这为探究服务接触视角下顾客愤怒与员工即时反应之间的关系提供了最佳研究情境。与此同时，实践中服务企业服务失败频发，迫切需要更多研究来清晰阐明该接触过程中顾客与员工的互动模式。因此，以服务失败及补救为研究情境，实证探究本研究问题具有重要的管理学意义，可为一线员工和服务管理者在危机处理中采取适应性应对措施提供实践指导。

本研究遵照 Smith 等人（1999）的界定，将服务失败及补救界定为：当顾客因服务消费未达预期体验而发泄不满情绪时，员工采取一系列补救行为来补偿顾客、提高顾客满意度的互动过程。

3.1.2　研究内容与关键变量

本研究采用 Van Kleef 等人（2010）提出的情绪即社会信息理论（emotion as social information theory，EASI）作为基础理论，构建总体框架模型。EASI 理论基于情绪的社会功能（social function of emotions），详细阐释了个体情绪表达影响接受者反应的互动过程。根据 EASI 理论，情绪表达者可以通过诱发情绪接受者情感与认知双路径来影响后者的互动行为：一方面，情绪表达者可诱发情绪接受者情感反应，使其形成相同的（reciprocal）或互补的（complementary）情感状态，其形式包括情绪感染（emotional contagion）、换位思考（perspective taking）、具身化（embodiment）、社会评估（social appraisal）等；另一方面，情绪表达者的情绪具有信息价值，可激发情绪接受者有意识的认知和推断，促进其"读出"情绪表达者情绪的隐含动机和社交意图，从而做出适应性应对。

情绪接受者的情感与认知路径经常导向相反的行为结果，因此 Van Kleef（2016）进一步提出情绪接受者信息加工深度与感知表达合适性的调节作用。Van Kleef 等（2010）指出，每种情绪都具有独特的认知评估属性和动机模式，有必要对具体情绪进行单独分析。愤怒情绪最基本的认知评估属性是对负面结果做出外部归因，反映出个体采取报复和回击的动机模式，因此可以传递情绪表达者的强硬态度、攻击性、高权力地位等威胁信息。基于 EASI 理论，我们观察到愤怒表达首先会诱发情绪接受者的消极情感状态，致使其做出敌对行动（move against action），进而破坏双方互动；与此同时，情绪接受者也会对愤怒表达进行认知和推断，"提取"出愤怒表达者的威胁性信息，在慎重思考后采取妥协的迎合行动（move toward action），进而促进双方互动。

按照 EASI 理论的解释框架，尽管顾客确实在服务失败及补救中遭遇了损失，成为服务消费的"受害者"，但向一线服务人员表达愤怒仍然违背和谐人际互动的规范，偏离了员工工作期许，会引发员工消极情感反应，从而破坏服务补救。与此同时，顾客愤怒又可能促使员工解读出威胁信息，比如"如果你不努力补救，我将传播负面口碑、向主管投诉"的顾客报复意图信息，这种有意识的认知和推断会促进员工努力提高服务绩效来消除顾客不满情绪，达到自我保护之目的。以上两种员工心理反应类似于精细加工可能性模型中的边缘路径和中心路径（Petty & Cacioppo，1986）：情感反应具有本能的应激属性，也涉及一点前意识（preconscious）的快速处理，无须投入过多认知资源进行深度加工，由此对应边缘路径；深层的认知和推断属于意动反应，员工需要思考顾客愤怒背后隐含的动机及意图，这比情感反应涉及更多高级的认知资源，由此对应中心路径（Jerger & Wirtz，2017）。"热"的情感与"冷"的认知是个体应对外部刺激的两个基本心理过程（李岩梅、刘长江、李纾，2007），情感和认知的双重机制可以良好地整合员工面对顾客愤怒的不一致反应。

有鉴于此，本研究选择情绪即社会信息理论构建总体研究框架，在进一步分析理论框架及研究假设之前，本章将对关键变量的选择进行界定和阐释。

3.1.2.1 顾客愤怒的强度与员工相关度

现有文献大多基于表达者角度，将顾客愤怒视为一个整体，考察其对服务员工的人际影响，未能突出人际互动中顾客愤怒的社会属性。尽管情绪由表达者发出，但一方情绪影响另一方反应的过程更多地取决于情绪接受者如何感知捕捉到的对方情绪（冯柔佳 等，2020；Van Kleef，2016）。因此，分析情绪人际影响过程的关键应为解析情绪接受者对顾客情绪表达的识别和理解（Glikson et al.，2019；Wang et al.，2017）。Weingart 等人（2015）在讨论冲突互动的理论文章中就曾指出，冲突表达是连接表达者和接受者的"桥梁"，从接受者角度来细化冲突表达有助于更好地理解接受者的反馈，从而准确预测互动的走向。接受者对冲突表达的解析主要包含对抗强度（oppositional intensity）和直接程度（directness），前者指感知冲突表达的防御及破坏程度，后者指感知冲突表达的明确性与接受者直接相关的程度。冲突理论研究学者暗示，表达消极情绪是冲突表达的基本形式之一，对引起人际冲突具有显示性作用（诸彦含 等，2016）。由此推导，服务接触中顾客向员工表达愤怒情绪应属于冲突表达，在考察员工对顾客愤怒的即时反应时，可以基于接受者视角，从对抗强度和直接程度两个方面来解析员工对顾客愤怒的主观感知。有鉴于此，本章借鉴 Weingart 等人（2015）的研究，结合研究情境，基于员工视角来剖析其对顾客愤怒的感知，重点关注员工对顾客愤怒强度的感知及对顾客愤怒内容感知的员工相关度。

顾客愤怒的强度指员工感知顾客对外展现愤怒情绪的程度。愤怒强度对应员工从顾客愤怒中解析出的程度，反映了员工对顾客愤怒内在对抗张力的感性体验，主要通过顾客愤怒的非言语线索来识别。在服务消费中，顾客能够体验和展现不同程度的愤怒。当愤怒程度低时，顾客倾向于理性、合理地抱怨服务问题；当愤怒程度升级时，顾客可能采取咒骂、侮辱甚至肢体伤害等行动（McColl-Kennedy et al.，2009）。作为情绪接受者的员工通常也能够基于各种情绪线索感受到顾客情绪在表达程度上的差异（Glikson et al.，2019）。考虑到顾客内心体验与对外展示的愤怒强度可能不一致（冯柔佳 等，2020；刘影 等，2015），而本研究重点考察顾客愤怒的人际影响，故主要关注员工对顾客愤怒外显度的感知和识别。迄今为止，已有少数学者关注到顾客愤怒强度的人际效应（Glikson et al.，2019；Miron-Spektor et al.，2011），但研究结论尚未统一，有必要继续深入探讨。

除了从程度方面去感知顾客愤怒，服务员工同时也会从内容方面去理解顾客愤怒。现有研究证据暗示顾客愤怒在指向上存在差异，比如顾客愤怒可以指向当前互动员工，也可以指向其他不在场员工或顾客，甚至可以指向不可控的情境因素，即使顾客愤怒的起因与当前情境及当前互动员工不相关，顾客仍有可能表达愤怒（Gelbrich，2010；Tao et al.，2016）。这种指向差异主要体现在顾客愤怒的言语线索中，又会进一步映射到员工基于顾客情绪做出自身相关度以及所受影响程度的主观评估中（Hillebrandt & Barclay，2017）。然而，现有研究尚未直接从员工主观评价角度提炼和分析顾客愤怒的员工相关度这一理论概念。本书认为探讨员工相关度对员工人际互动的影响很有必要，因为大量研究证据显示，个体对与其自身联系更为紧密的刺激物涉入程度更高，重视程度也相应增加，会主动提高注意力投入程度与认知加工程度，继而影响自身后续行为及双方未来互动（Houston & Walker，1996；Oreg et al.，2018）。由此，本书提炼出顾客愤怒的员工相关度这一内容感知。**顾客愤怒的员工相关度**指员工感知顾客愤怒与员工相关联及影响员工的程度。员工相关度对应员工从顾客愤怒中解析出的内容感知，反映了员工从顾客愤怒外部指向中识别自身涉入程度的认知评价。员工相关度主要涉及员工对顾客愤怒言语线索的语义分析，这需要更多高级认知参与，凸显了服务员工对顾客愤怒内容的主观判断（张奇勇、卢家楣，2015）。

综上所述，顾客愤怒强度、员工相关度是员工识别和理解服务互动中顾客愤怒的两个重要方面。本研究的理论模型同时涵盖以上两种员工对顾客愤怒的感知，试图比较二者对员工情感、认知及补救行为等一系列即时反应的不同影响。另外，考虑到服务接触中员工通常会结合这两方面感知去综合评价和回应顾客愤怒，深入探讨二者的交互影响具有较强实践价值和重大理论意义，因此本研究也会进一步分析二者的交互效应。

3.1.2.2 服务补救行为

在结果变量的选择上，本章落脚在行为层面，因为行为变量最容易被观察到，并且对互动有直接影响（陈晨，2017）。在服务失败及补救过程中，当遭遇顾客抱怨时，一线员工需要及时做出响应和处理，其补救行为与顾客满意、企业绩效密切相关。有效的服务补救不仅可以挽回不满的顾客，甚至可能带来额外的顾客满意度及忠诚度；无效的服务补救则会造成服务体验的"二次偏差"，会加剧顾客愤怒，导致客户流失和报复行为（Maxham & Netemeyer，2002）。

鉴于本研究重点考察一线员工作为服务补救主体的行为反应，因此本书结合现有文献将**服务补救行为**定义为服务企业一线员工对服务失败做出的纠正性行动，目的在于弥补顾客损失，提高顾客满意。Van der Heijden等人（2013）指出，一线员工的核心服务补救行为是一个二阶变量，包含迅速解决服务问题与礼貌对待顾客两方面内容。另外一些研究还讨论了员工运用经济补偿作为补救方式的情况（Gelbrich et al.，2015；Albrecht et al.，2019）。综合核心服务补救行为与经济补偿可较为全面涵盖一线员工的补救工作，充分反映组织利用一线员工在经济补偿、心理补偿及流程改进三方面做出的努力。因此，本研究选择核心服务补救行为、经济补偿作为一线员工服务补救行为的具体指标。需要说明的是，核心补救行为是必要的，一旦发生服务失败，迅速解决问题和礼貌对待顾客是所有服务补救的通常要求。然而，员工是否有权限实施经济补偿需要遵照服务行业或企业的具体管理规定而定。例如从行业差异角度来说，酒店业前台人员在处理顾客投诉时，通常可采取优惠券或者房价减免等手段作为经济补救，但餐饮业一线员工往往无此权限。有鉴于此，在本书的后续实证部分，无论是基于真实互动的服务业问卷调查，还是基于酒店虚拟情境的情境实验，员工核心服务补救始终作为服务补救行为的结果指标被列入考察之列，但仅在情境实验部分对经济补偿这一指标进行测量。

3.1.2.3　员工心理反应

本研究基于 EASI 理论构建研究框架，从服务员工情感反应与认知推断两个角度切入，探讨顾客愤怒对员工服务补救行为的影响机制。相应的，本章将分别从这两个心理反应过程中挑选具体变量。

情绪反应选择**员工愤怒情绪**作为变量，衡量了员工面对顾客时产生的消极情感体验。大量研究已证明，观察者对他人愤怒最本能的情绪反应即为愤怒。首先，根据原始情绪感染理论（primitive emotional contagion），员工会无意识地模仿顾客愤怒情绪，通过镜像神经系统模仿与反馈，进而形成相同的愤怒情感状态（左世江 等，2014；杜建刚、范秀成，2009）；与此同时，依据情感事件理论，员工也可能有意识地将顾客愤怒视为消极工作事件进行初级加工，迅速形成顾客情绪违背和谐人际交往的下意识反应；由此感到人际不公平，从而产生针对顾客的愤怒情绪（Rupp & Spencer，2006）。

认知推断选择**员工感知威胁**作为变量。威胁是一种以"如果……，那么就……"形式提示不服从将带来消极后果的条件性陈述（Sinaceur et al.，2011）。一系列谈判研究成果表明，由于愤怒传递的社会信号为强硬姿态与攻击动机，观察方通常会解读出"如果不妥协，谈判将陷入僵局"的隐含威胁性信息（Sinaceur et al.，2011；Sinaceur & Tiedens，2006；Adam & Brett，2018）。服务失败及补救互动是一场特殊的谈判，顾客占据权力高位，因此顾客展示的愤怒更具有威胁性（Glikson et al.，2019）。研究表明，遭遇服务失败的顾客可能具有直接投诉领导、报复公司的行为趋势（Grégoire et al.，2010）。同样的，本书认为员工也能从愤怒中解读出"如果作为员工的你不积极补救，那么作为顾客的我将采取报复行动"的顾客意图信息，进而产生公司利益和自身福利受到威胁的认知推断。因此，本研究将**员工感知威胁**定义为员工基于顾客愤怒所做出的消极后果信息推断。

3.1.2.4　服务氛围

无形性、异质性、生产与消费同步性、不可储存性等服务特性给企业管控每一次服务互动增加了难度，因此管理者总是力图构建长期有效的内部文化氛围来引导员工内化顾客导向，促进员工将组织期许应用到每一次服务接触中（Hong et al.，2013）。服务氛围是最典型的组织内部环境，体现了组织对优质服务的期许、支持与奖励，可在服务管理中发挥关键作用（Jerger & Wirtz，2017；张若勇 等，2009）。已有研究证明服务氛围对员工服务绩效具有直接的正向影响（张若勇 等，2009），然而鲜有研究考察服务氛围对顾客与员工双边互动的调节影响（Jerger & Wirtz，2017）。

作为关键的组织情境变量，服务氛围不仅影响服务员工对顾客反应的识别和理解，也影响服务员工的应对举措，讨论顾客愤怒与员工反应之间的关系在不同服务氛围环境中的权变作用，对理解和管理服务互动具有重要意义。因此，本研究选择服务氛围作为研究模型中的调节变量，借鉴张若勇等人（2009）的定义，将**服务氛围**界定为：员工对于组织期望、支持与奖励优质服务方面的政策、程序与行为的感知与描述，它反映了员工对组织内部注重服务质量程度的主观知觉和解释。

3.2　理论模型与假设推演

通过文献梳理可以发现，目前关于顾客愤怒与一线员工反应之间的关系的研究仍存在局限，包括缺少从情绪接受者的员工感知角度来探讨顾客愤怒、缺乏整合的理论框架、组织情境特征的调节效应研究不足等。本研究旨在回应上述研究不足，致力于深入讨论顾客愤怒对一线员工即时服务补救行为的影响过程，以及剖析服务氛围作为重要组织情境特征的调节作用。总体而言，本小节分为两个部分：其一，构建对顾客愤怒的不同感知对员工服务补救行为的影响模型，此为研究模型的主体部分，主要考察员工感知顾客愤怒的强度、员工相关度与服务补救行为的关系（假设 H1、H2），基于 EASI 理论剖析员工情感（员工愤怒情绪）、认知推断（员工感知威胁）两种心理反应在其中的中介作用（假设 H3、H4、H5、H6、H7、H8），进一步研究顾客愤怒强度、员工相关度对员工认知推断和服务补救行为的交互影响（假设 H9、H10、H11）。其二，从组织情境特征切入，探讨服务氛围对顾客愤怒与员工心理反应（情感与认知）之间的关系的调节效应（假设 H12），以及对员工心理反应（情感与认知）中介作用的调节效应，即被调节的中介效应（假设 H13）。本章总体研究框架如图 3-1 所示。

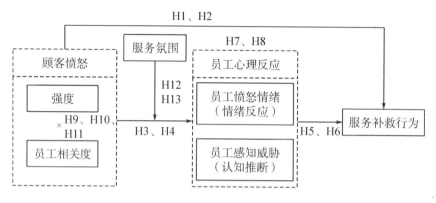

图 3-1　总体研究框架

3.2.1　顾客愤怒对员工服务补救行为的影响及中介机制

在服务失败及补救中，当服务未达到预期时，顾客通常会体验到经济利益上的功利损失或形象利益上的象征损失，这种失衡感容易引起顾客愤怒情绪（McColl-Kennedy & Smith，2006）。顾客愤怒是顾客评估外部归因的负面消费结果时所产生的消极情绪体验（Antonetti，2016）。"顾客永远是对的""顾客就是上帝"等服务信条赋予顾客至高无上的权力，导致一些顾客很容易产生类似"会哭的孩子有奶吃"的错误观念，认为抱怨或表达愤怒有利可图，甚至可获得超额补偿，因此稍有不满便肆意发泄（Glikson et al.，2019）。对企业而言，如果未能及时处理顾客愤怒，一方面会导致不满意顾客的流失，另一方面也可能引起其他在场顾客的注意及情绪感染，产生负面的连锁反应，持续影响企业绩效（Chen et al.，2020）。一线员工是参与服务互动的主要接触点，管理者通常会积极调用这些一线人员的补救工作以期挽回顾客，因此他们在消除顾客负面情绪过程中发挥着至关重要的作用（Van der Heijden et al.，2013）。员工服务补救行为指一线员工对服务失败做出的一系列纠正性行动反应，目的在于弥补顾客损失、提高顾客满意，具体包括核心服务补救（如迅速解决问题、礼貌对待顾客）与经济补偿（Glikson et al.，2019；van der Heijden et al.，2013）。

有效的服务补救能减少顾客愤怒，重新赢回顾客；无效的服务补救带来服务预期的"二次偏差"，会加剧顾客愤怒，甚至诱发报复行动（Smith & Bolton，1998）。大量研究揭示出顾客愤怒在员工服务补救与顾客满意度关系之间具有中介作用（Voorhees et al.，2017）。新兴研究发现，顾客愤怒也会反向影响员工情感、认知，继而作用于员工服务行为，然而目前仍未得出一致结论。一方面，顾客愤怒对服务人员具有消极影响，会诱发员工负面情感（包括愤怒、恐惧、伤心等），损耗员工心理认知资源，破坏服务工作绩效等（Koopmann et al.，2015）；另一方面，面对顾客表达的愤怒情绪，员工也可能做出适应性应对，如增加经济补偿（Hareli et al.，2009）、提高问题解决效率等（Miron-Spektor et al.，2011）。总体而言，现有文献大多笼统地将顾客愤怒视为整体情绪展开研究，缺乏从情绪接受者的员工感知角度去对顾客愤怒进行分析。本研究根据 Weingart 等（2015）对冲突表达的理论解构，从员工对顾客愤怒的感知中提炼出程度方面的强度、内容方面的员工相关度，试图证明员工对顾客愤怒的不同感知的差异化影响是厘清顾客愤怒与员工反应之间的关系的关键。接下来，本小节将聚焦于服务失败及补救行为，深入讨论顾客愤怒的强度、员工相关度对一线服务员工即时反应的不同影响。

3.2.1.1 顾客愤怒对员工服务补救行为的影响

（1）顾客愤怒的强度对员工服务补救行为的影响

遭遇服务失败的顾客在体验愤怒情绪时存在程度差异，其可以通过各种非言语线索向外表达，从而被服务互动中的员工所识别（Glikson et al.，2019）。当愤怒程度较低时，顾客表现为撇嘴、瞪眼、双手在胸前交叉等，会尽可能压低声音和语音语调来理性抱怨服务问题；当愤怒程度升高时，顾客可能会满脸涨红、怒目而视，破口大骂和诅咒，甚至出现肢体伤害等过激举动（McColl-Kennedy et al.，2009）。

一方面，顾客愤怒的强度对员工服务补救行为具有消极影响。原因有两点：

第一，从情感角度看，强烈愤怒引发员工负面情感，从而降低服务补救效能。首先，依据情绪感染理论，表达者的情绪强度与观察者受感染程度存在正相关关系。随着顾客愤怒强度的升高，情绪表达线索的数量和消极程度明显增加，会吸引员工注意力，激活员工镜像神经系统进行无意识模仿和生理反馈，从而促进员工形成相同的愤怒情感状态，形成消极情绪螺旋，持续降低双方互动质量（杜建刚、范秀成，2009；Liu et al., 2019）。其次，由情感事件理论可知，员工会将顾客低质量人际对待视为消极工作事件，顾客愤怒强度越高，事件负面性越强，越容易诱发员工包括愤怒、恐惧、悲伤等负面情感，导致员工情感耗竭、逃避和不作为（Koopmann et al., 2015）。即使顾客确实是服务失败的"受害者"，但对员工表现强烈愤怒仍旧违反了和谐人际关系的交往规范，员工可能形成顾客表达形式不正当的主观判断，体会到"丢面子"和道德愤怒，因此感受到人际不公平（Rupp & Spencer, 2006）。社会交换理论表明，感受到人际不公平或不公正的员工可能诉诸消极互惠（negative reciprocity）——情感上向顾客"回敬"愤怒，行为上降低服务质量，甚至做出服务破坏行动来"以牙还牙，以眼还眼"（Groth & Grandey, 2012）。

第二，根据资源损耗相关理论，顾客高强度愤怒也会导致员工接收到的消极情绪信息过载，消耗自我调控与心理认知资源，致使其难以自控，服务表现持续降低。有学者通过模拟实验证明，愤怒的顾客言语攻击词汇的增加会加剧接线员工的自我损耗，降低认知注意力与工作记忆，进而降低任务绩效（Rafaeli et al., 2012）。

另一方面，强烈愤怒同时会放大顾客的攻击性和破坏性，反而有可能促进服务员工的积极应对，由此提高服务补救效能。原因如下：

第一，根据情绪社会信息功能，愤怒传递出的信号为强硬姿态和支配愿望，观察者可解读出表达者威胁，进而做出适应性的自我保护行为（Van Kleef, 2016）。有学者将这种消极愤怒带来积极结果的现象称为"愤怒的非对称效应"（马学谦 等，2015）。谈判领域相关证据也表明，愤怒并不总是带来负面效果。具体来看，在谈判桌上表达愤怒传递出不妥协的强硬态度，可促进对手就愤怒表达者的动机、谈判走向等做出利弊权衡的认知判断，从而做出让步、降低报价（Adam & Brett, 2018；Van Kleef et al., 2010）。Sinaceur 和 Tiedens（2006）指出上述现象背后的根本原因是观察方会做出"如果不妥协，愤怒的对手可能退出零和谈判"的假设性推测，于是会主动降低报价以促成交易。在服务失败及补救中，顾客抱怨和员工补救也可被视为一场特殊的谈判——顾客与员工进入服务接触这个"谈判"，就服务失败造成的交换失衡进行"协商"，以期最终得出令双方满意的服务补救"要价"（Glikson et al., 2019）。然而，两种"谈判"的权力差异不容忽视：在惯常的谈判中，互动双方权力地位平等，但在"顾客至上"的服务谈判中，顾客具有的天然优势地位赋予其更高议价权，导致双方权力地位高度不对等（徐虹 等，2018）。在平等谈判中观察对手愤怒尚且会因交易破裂的威胁而触发妥协，不难推测，在顾客具有"至高无上"地位的服务互动中，员工更容易受到顾客强烈愤怒的压力，不得不竭尽全力来"取悦"顾客。Miron-Spektor 等（2011）研究发现，当作为观察者的被试收听员工与愤怒的顾客的服务录音后（相较于收听员工与中性情绪顾客的服务录音），被试的预防导向（包括感知威胁和预防定向）被激活，专注力显著提高，其在后续分析型任务中表现更出色。

第二，众多管理实践证据也表明，服务企业在响应时通常会给情绪激动的顾客更高优先级。旅游接待业是最典型的服务行业，Huang 和 Miao（2016）通过对旅游接待业一线员工进行深度访谈发现，在危机应对中，企业往往要求一线员工给无理的顾客更多关注，甚至要求员工超出工作职责来挽回这些"不正当投诉者"。这种不合理的偏袒可能出于服务管理者成本与收益的理性经济人考量，因为一般认为保留现有顾客并促进其重购的成本远远小于获取新顾客的成本，故平息当前顾客的愤怒情绪更为划算（唐小飞 等，2009）。此外，服务消费具有公共场合性，除核心顾客与服务提供商外，还可能有其他旁观顾客在场。顾客的强烈愤怒会增强服务场域内的消极情绪感染力度，更容易引发其他在场顾客注意，促进他们的情绪唤起，最终影响他们的服务预期与体验（Chen et al.，2020）。这种消极溢出效应也迫使服务管理者要求一线员工给予那些表达愤怒情绪更剧烈的顾客更多关注。

鉴于本研究情境设定为服务失败及补救，不管服务失败是否企业的责任，顾客损失都已是既定事实，这会进一步放大顾客高权力地位的优势。与此同时，国内服务业通常过分强调"顾客是上帝"以及"息事宁人"的危机处理原则，而且普遍存在一线服务员工地位低下的现状（徐虹 等，2018）。结合理论和实践，本研究认为顾客愤怒的强度对一线员工服务补救行为的积极影响将占据主导地位。由此，本研究提出假设：

H1：顾客愤怒的强度对服务补救行为有正向影响。

（2）顾客愤怒的员工相关度对员工服务补救行为的影响

顾客愤怒的员工相关度反映了员工从顾客情绪言语表达内容中感知的自己与顾客愤怒相关及受影响的程度。心理学研究发现，明确又相关的情绪更可能引起他人重视及相应的行为变化，比如日常交往中直接对互动伙伴发火违背了和谐人际规范，会直接伤及对方自尊，引起反击（Hillebrandt & Barclay，2017）。然而，区别于日常互动，服务失败及补救这种商业互动具有特殊性，本研究预计顾客愤怒的员工相关度会正向促进员工服务补救行为。原因如下：

第一，顾客愤怒的员工相关度和该员工潜在损失密切关联。员工相关度愈高，表明员工感知该抱怨顾客将服务失败归因于自己的可能性愈大，因而顾客针对自己的攻击和报复倾向也愈强烈（Hillebrandt & Barclay，2017）。服务管理中的一些实践表明，如果怒不可遏的顾客向公司管理者投诉，主管可能偏袒顾客，甚至对顾客矛头所指员工采取先惩罚后问责的做法，以期安抚顾客、息事宁人（Baker & Kim，2020；Koppitsch et al.，2013）。Pugh 等人（2018）也通过实验证明，惩罚员工作为一种社会补偿措施，可减轻顾客不满意，其有效性甚至与经济补偿等同。由此我们推测，当员工感知顾客愤怒与自身相关程度高时，会感受到自身受罚风险增加，相应感知顾客威胁增加。心理学研究表明，当个体被置于损失框架时，个体感到恐惧和担忧，安全需要占据主导，反而可以专注于应对当前挑战，提高努力程度，回避风险（姚琦、乐国安，2009；Baas et al.，2008）。Lebel（2017）也指出，当员工受工作威胁而感到恐惧时，会启动自我保护机制。如果员工无法逃离当前情境（即逃避选项失效时），就具备了主动应对挑战、做出积极改变的理由。考虑到服务补救是一线员工的核心工作内容，因此本书推测，为了避免潜在责罚及福利损失，感知顾客愤怒高相关度的员工为了防止事态恶化，更可能采取建设性应对措施，具体表现为放低姿态，努力补救。

第二，根据评估理论，当个体感知威胁刺激与自身高度相关时，会提高重视程度，涉入度增加，从而开始审慎思考与理性应对（Lazarus，1991）。进一步，Houston 和 Walker（1996）还发现，高相关度与高涉入度可激活个体与当前情境联系最紧密的角色目标，有助于促进个体为达成当前目标而做出适应性行为。在服务接触中，一线员工的核心角色为服务提供者，角色首要目标为迅速解决服务失败问题，礼貌对待并挽回不满顾客（Van der Heijden et al.，2013）。因此，我们预计顾客愤怒的员工相关度和重要性增加会激活上述角色及目标，进而促进员工服务补救行为。

相反，如果顾客愤怒的员工相关度低，例如员工理解服务失败是由其他不在场员工引起的，而顾客错误地将怒气撒在自己身上时，首先，该员工会感到困惑，相应的反应速度降低；其次，顾客情绪的"错位"表达还可能带来认知失调，导致员工"事不关己，高高挂起"的不作为；最后，员工甚至可能质疑顾客愤怒表达在内容上的正当性，将补救互动解读为关系冲突，产生被冤枉的委屈感，从而采取消极情绪应对（Hillebrandt & Barclay, 2017; Weingart et al., 2015）。有研究证据表明，当员工认为顾客抱怨应归咎于他人而非自己时，将展现出更多愤怒情绪，进行更多情绪劳动，对服务工作做更少承诺，甚至做出报复行为（Tao et al., 2016）。由此，本研究提出假设：

H2：顾客愤怒的员工相关度对服务补救行为有正向影响。

3.2.1.2 员工心理反应（情感和认知）的中介作用

依据 EASI 理论，顾客愤怒会引起员工即时心理反应，包括情感反应和认知推断，本研究分别选取员工愤怒情绪和员工感知威胁作为具体变量。接下来将就顾客愤怒（强度与员工相关度）、员工心理反应（情感与认知）、服务补救行为三者之间关系做详细论述。

（1）顾客愤怒的强度对员工心理反应（情感与认知）的影响

观察者面对他人愤怒时最直接的情绪反应即是愤怒，因此本研究预测顾客愤怒强度与员工愤怒情绪存在正相关关系。下文从原始情绪感染和人际不公平感两方面进行阐释。

第一，原始情绪感染是指观察者察觉到他人的外显情绪线索，通过激活镜像神经系统自动、无意识地模仿与反馈他人情绪，最终与表达者形成情绪聚合的过程（张奇勇 等，2016; Hatfield et al., 1992）。强度具有最直观的情绪刺激属性，与观察者的模仿程度直接相关（王雪珺 等，2019）。在服务失败及补救中，顾客愤怒强度越高，意味着其表达时调动的情绪线索越多，程度也就越强烈，可吸引员工注意力，提高员工情绪识别的觉察水平及准确率，从而增加愤怒模仿（张奇勇、卢家楣，2013）。张奇勇等人（2016）通过眼动实验和生物反馈实验直接证明了这种"自下而上"的自动化情绪感染发生过程，研究显示观察者觉察水平与其无意识模仿程度具有正向关系，随后模仿又体现在身体反应上（包括眼动和肌肉动作），成为机体情绪反馈基础，最后通过生理唤醒诱发观察者形成与表达者相同的情绪状态，情绪聚合的感染过程得以完成。Gabriel 和 Diefendorff（2015）通过电话客户服务模拟实验证明，接线员工与顾客情绪状态呈现动态同步性，顾客越无礼，员工感染的愤怒也越强烈，表现为在电话回应里嗓音明显提高；反之，随着顾客的怒气逐渐平息，员工感染的愤怒同步减少，嗓音逐渐降低。

此外，除了直接作用于自动化情绪感染过程外，高强度愤怒还可以通过其他方式间接提高员工情绪感染的易感性。首先，根据资源保存理论，员工面对强烈的顾客愤怒时，不得不投入更多资源来抑制反击冲动，而此时员工又不能从别处获得资源补充，因此资源连续流失，自控能力持续受损，更容易模仿和感染负面情绪（Wang 等，2011）。其次，"肆无忌惮"地放大愤怒强度也是顾客彰显高权力地位的体现，反过来员工的相对权力地位就进一步降低。研究表明，权力与情绪感染易感性负相关，相较于低权力地位者，情绪接受者更容易感染上高权力地位者（此处为顾客）的消极情绪（Belkin，2009）。

第二，结合情感事件理论和人际不公平理论，也可将顾客愤怒视为违背人际规范，有害于员工社交、心理和生理的负面事件，事件负面程度越深，员工产生的消极情绪反应就越剧烈（Tao et al.，2016）。具体来看，面对高强度的顾客愤怒，员工感知顾客违背社会和道德规范的程度越深，"被冒犯感"也就越强烈，由此产生的人际不公平进一步激发了对顾客的愤怒情绪（Jerger & Wirtz，2017；M. Wang et al.，2011）。这在强调和谐交往的中国社会表现得更为明显，因为在公共场合受到粗暴对待关乎"面子问题"，员工可能将顾客的强烈愤怒视为对个人利益和社会身份的威胁，依据社会交换理论，员工可能做出消极互惠行为（Groth & Grandey，2012）。有研究就发现，面对愤怒的顾客的人际不公正对待，员工情感上更加愤怒，会做出更多表层扮演行为（Rupp & Spencer，2006）。由此，本研究提出假设：

H3a：顾客愤怒的强度提高对员工愤怒情绪有正向影响。

员工感知威胁反映了员工对"如果不妥协，顾客将会意图引起消极后果（包括对企业、对员工等）"的信息推断。本研究预测，顾客愤怒强度会增加员工的感知威胁。原因如下：

第一，根据情绪理论的内涵，愤怒对应外部归因的认知评估以及攻击报复的动机倾向（Roseman et al.，1994），因此顾客愤怒强度直接反映了员工感知到的破坏程度与危险程度，有助于员工识别和读出顾客情绪背后隐含的攻击意图，促进员工对潜在负面结果与威胁做合理而准确的预期。已有研究显示，顾客愤怒强度与员工、企业所受消极影响存在正向关系。具体而言，愤怒轻微的顾客采取解决问题导向的温和姿态进入服务磋商，会有理有据地与员工交涉；极端愤怒的顾客则直接向服务主管投诉，或向第三方传播负面口碑，甚至可能在网络平台上煽动和联合其他顾客抵制服务组织（Grégoire et al., 2010）。因此本书推测，强烈的顾客愤怒会激活员工做出"如果不服从抱怨顾客，将对公司声誉、自身福利产生负面冲击"的认知推断，进而增加员工威胁感知。谈判领域相关证据可侧面支持这点。举例来说，Sinaceur 和 Tiedens（2006）研究发现，展现愤怒可促使谈判对手就表达者退出谈判的可能性进行推断，增加对手对谈判破裂风险的威胁感知，从而提高对手报价。如前所述，服务失败后的补救互动可被视作特殊谈判，顾客又在两方权力天平上占据绝对优势，因此本书预计面对表达剧烈愤怒的顾客，员工感知威胁增加。

第二，员工总是希望与顾客之间的服务互动进展顺利，"棘手顾客"的出现意味着工作目标受挫，因而员工不得不额外付出更多努力来保证工作目标达成（Koopmann et al., 2015）。也即是说，随着顾客愤怒强度的提高，员工工作难度相应提升，主要体现在：第一，工作内容更多，员工既要解决服务失败问题，还要尽量安抚顾客强烈情绪，预防顾客做出过激举动而影响到其他顾客体验。第二，工作协调更困难，员工需要同时协调上述工作内容，并权衡和决定各行动的优先级。第三，工作不确定性更高，"怒火中烧"的顾客通常难以进行理性对话，这使得预测顾客反应变得更加困难，服务互动复杂性增加（Drach-Zahavy & Erez, 2002）。顾客强烈情绪带来的以上三方面工作难度共同加剧了员工的恐惧和担忧，导致员工在认知反应上推断高强度愤怒的顾客（相对于低强度愤怒的顾客）的威胁更大。因此，本研究提出假设：

H3b：顾客愤怒的强度提升对员工感知威胁有正向影响。

（2）顾客愤怒的员工相关度对员工心理反应（情感与认知）的影响

顾客愤怒的员工相关度会启动互动员工高级认知，削弱消极情感反应。鉴于前文已论述了员工愤怒主要来源于自动、无意识的原始情绪感染，以及人际不公平感，因此下文将从两个方面展开论述。

一方面，就原始情绪感染而言，第一，愤怒的员工相关度主要通过顾客言语线索来识别。尽管情绪的言语线索同样具有感染功效，但其感染效力显著低于表层的非言语线索（包括面部表情、肢体动作、语音语调等）。心理学证据显示，通过非言语线索激活的情绪感染具有自发的、更难控制的特性，双方情绪聚合更容易发生（Cheshin et al., 2018）。因此，当觉察者专注于分析言语线索时，相对而言是在整体上弱化了其对表层易感线索的注意力。Hatfield 等人（1992）的研究指出，注意力中介了情绪刺激与情绪感染程度之间的关系。张奇勇、陆佳希和卢家楣（2019）还发现，对语义信息的高级认知加工甚至会反向抑制消极情绪感染。第二，顾客愤怒的高员工相关度还可以通过员工"合理化解释"而对消极感染产生免疫。张奇勇和卢家楣（2015）以情境教学实验为例探索了认知观念对情绪感染过程的作用，研究发现"权威"教师启动了积极的先入为主观念，"新手"教师启动了消极的先入为主观念，导致学生在接触教师情绪时，会合理化"权威"教师的消极情绪信息，这种高级认知削弱了学生的情绪感染，却未能免疫"新手"教师情绪的感染。本书认为，面对顾客的愤怒情绪，员工也可以基于相关度产生完全相反的先入为主观念。具体来看，当主观感知顾客愤怒与自身相关度高时，员工倾向于认为自己对顾客遭遇和负面情绪负有一定责任，因此承认顾客发火的合理性和正当性，与积极的先入为主观念相关；相反，当主观感知顾客愤怒与自身相关度低时，员工会感到困惑和委屈，甚至做出顾客在"无理取闹"的消极评价，即对应消极的先入为主观念。因此可以推测，员工对表达高员工相关度愤怒的顾客会做出"合理化解释"，继而对愤怒感染产生免疫，甚至出现"反向感染"——体验到互补的情绪状态，比如内疚、后悔等（Lelieveld et al., 2012），低相关度愤怒表达则会增强愤怒感染。

　　另一方面，就基于人际不公平感产生的员工愤怒反应而言，首先，高相关度促进员工对服务失败做自我归因，可有效减少人际不公平感，进而降低员工对顾客的愤怒情绪（Tao et al., 2016）。其次，高相关度还可以激活员工追求当前情境下最突出的自我角色和对应目标，即一线服务人员角色与补救不满顾客的工作目标（Houston & Walker, 1996）。根据服务行业的规定，员工角色的对应目标为遵循组织展示规则——克制消极情绪，表现积极情绪（Gabriel & Diefendorff, 2015）。因此，业已恢复理性的员工此时会努力进行深层扮演，调节和消化掉内心消极情感，保持内外积极情绪的一致性。由此，本研究提出假设：

H4a：顾客愤怒的员工相关度对员工愤怒情绪有负向影响。

　　顾客愤怒的员工相关度影响员工感知威胁的推导逻辑与强度类似，即可引发员工"如果不妥协，顾客将会努力引起消极后果"的威胁推断，但员工相关度更侧重于将这种威胁直接指向员工个人，这与员工相关度反映顾客愤怒对员工相关及影响程度的定义有关。实践中不乏服务管理者采取训斥和惩罚员工方式来表明与顾客"站在同一战线"立场的情况。最近也有研究证明，惩罚顾客矛头所指员工是一种特殊的服务补救手段，其有效性与经济补偿类似，可显著降低顾客不满（Koppitsch et al.，2013；Pugh et al.，2018）。由此我们可以做如下推导：当员工感知顾客愤怒与其自身相关程度高时，员工可读出顾客后续向领导投诉以及自己受到领导责罚的潜在风险，员工因此认知被置于损失框架下，对顾客产生威胁感知（姚琦、乐国安，2009）。与此同时，感知顾客愤怒的高相关度也会消耗员工自控力及认知灵活度等个人资源，增加工作不安全感与压力，致使员工感到恐惧和担忧，而恐惧和担忧是威胁感最直接的情绪反应（Lelieveld et al.，2012）。相反，如果员工感知顾客愤怒的相关度低，认知上推断自己受罚风险相对较低，就会调低事态的严重性及紧迫度，威胁感降低。由此，本研究假设：

H4b：顾客愤怒的员工相关度对员工感知威胁有正向影响。

（3）员工心理反应（情感与认知）对服务补救行为的影响

人们总是希望能在完全理性分析成本与收益后做出最优决策，但事实上人们只能做到有限理性（bounded rationality）（Lerner et al.，2015）。"循感行事"（feeling-is-for-doing）模型指出，情绪是有限理性的人类最常使用的经验法则，其蕴含的动机趋势为个体追求未来目标提供了行动指令，因此可以将情绪视为动机流程（motivational processes）来解释其对个体行为决策的影响（Zeelenberg et al.，2008）。根据 Roseman 等人（1994）对情绪体验成分的提炼，愤怒的个体在生理反应上感觉血脉愤张、情绪失控，在认知想法上感到不公平和被侵犯，在行为趋势上表现为释放怒气与做出攻击行为。因此，我们可推测愤怒的员工会产生攻击和报复顾客的动机，由此降低其服务补救表现。

此外，员工愤怒情绪与服务补救行为之间的负向关系也可以用资源损耗机制进行解释。大部分服务规章制度都要求一线员工"微笑着提供服务"，因此体验愤怒情感的员工需要耗费大量精力在情绪劳动上——包括改变情绪表露的表层扮演和调节内心体验的深层扮演，这极大地消耗了员工本可调取的、用于补救的心智资源，致使后续服务补救工作变得更困难。大量服务研究表明，相较于其他员工，带有消极情感的员工服务绩效更差，行为层面表现为服务承诺更低，更不愿意遵守服务准则，甚至对顾客做出不文明的攻击举动和蓄意破坏服务等（Rupp & Spencer, 2006；Tao et al., 2016；M. Wang et al., 2011）。由此，本研究提出假设：

H5：员工愤怒情绪对服务补救行为有负向影响。

经过长期进化，灵长类动物的大脑中已进化出专门的威胁反应神经元，导致人类面对威胁（包括自然威胁和社会威胁）时会产生特异性反应，比如选择性注意、迅速激活神经系统中的"恐惧快通路"、提前做出防御反应、缩短威胁靠近的估计时间等，这些威胁应激性反应具有重要的生物进化意义，可为个体生存提供保障（李才文 等，2020）。早期的研究在讨论个体应对威胁的行动表征时，大多聚焦于下意识的逃避、抽离等，后续的研究才开始将更多重心放在以认知机制为基础的适应性应对上。本研究认为，当员工基于理性思考而感受到顾客愤怒的威胁时，会诉诸积极的适应性防御，即通过努力提高服务补救以消除风险，保障自身福利。

第一，Folkman 等人（1986）指出，对工作中压力刺激的应对受行业影响。服务员工在处理顾客压力时，有感性的情绪应对（emotion-focused coping）和理性的问题应对（problem-focused coping）两种方式。情绪应对包括有意回避服务接触、被动回应顾客、减少服务承诺等；问题应对主要指努力以令顾客满意的方式解决问题。出色的问题应对可以有效避免冲突升级和领导责罚，还可能获得组织奖赏，因此这可算是典型的适应性应对（Tao et al., 2016）。一线服务员工的基本工作职责为满足顾客需求，提高顾客满意。这就是说，面对顾客威胁时，员工一般无法逃离，由此自我保护动机被激活，反而能主动做出建设性应对行为，避免工作绩效受损（Lebel, 2017）。近期的几篇服务领域研究文章也为情绪互动中员工的问题应对提供了支撑，比如 Jerger 和 Wirtz（2017）以餐厅为情境进行实证研究发现，面对高权力顾客的无理要求，尽管员工下意识地感到愤怒，但会立即调整到理性思维上来，权衡利弊后采取问题应对，积极为顾客更换食物；Glikson 等（2019）以银行谈判为例，证实感知威胁可以提高员工对顾客的经济补偿。

第二，调节焦点理论（regulatory focus theory）也能为感知威胁能促进员工服务补救行为提供理论支撑。调节焦点理论指出，外界情境线索可以激活个体防御焦点（也称预防定向）或者促进焦点（也称促进定向），其中防御焦点的认知基础就是威胁感（毛畅果，2017；Miron-Spektor et al.,

2011）。依据该理论，处于防御焦点的个体对安全需要及利益损失相关的信息更敏感，其动机状态为"应该做什么"，其目标表征为避免负面结果，因此其具有"警戒的策略倾向"，由此促进个体提高努力程度来避免失败（姚琦、乐国安，2009；毛畅果，2017）。这种避害倾向有利于提高员工专注度，帮助个体提高例行性任务绩效（Baas et al., 2008）。Miron-Spektor等人（2011）研究发现，相较于收听温和的服务互动录音，当收听顾客无礼对待接线员的录音后，观察被试启动了预防定向，在后续分析型解题任务中得分更高。服务补救是一线服务员工的基础工作，正好对应常规的分析型任务，由此推断具有威胁感知的员工反而可以更准确、更快速地完成补救任务。另外，姚琦和乐国安（2009）还指出，当个体需要处理危机工作时，预防定向能够促进个体遵守既定规章制度，因此本研究认为感知顾客威胁的员工会严格按照服务准则办事，在补救过程中迅速解决顾客问题，礼貌对待顾客，如果可能，也会通过最大限度提高经济补偿的方式来避免不利后果。由此，本研究提出假设：

H6：员工感知威胁对服务补救行为有正向影响。

（4）员工心理反应（情感与认知）在顾客愤怒与服务补救行为之间的中介作用

依据 EASI 理论，顾客愤怒情绪可通过员工情绪反应和认知推断双路径影响员工即时行为（Van Kleef, 2016）。其中，情绪反应的影响机制又可通过原始情绪感染、情感事件理论来详细阐述。另一条认知推断路径主要基于情绪的社会信息功能。一些研究已经基于情绪感染理论、情感事件理论与人际不公平理论探究了顾客消极情绪负向影响员工服务表现的作用过程，并证明了员工消极情感的中介效应（Rupp & Spencer, 2006；Tao et al., 2016；Yue et al., 2017）。然而，对于另一条关于认知推断的作用机制，相关研究仍不足。综合前文的假设演绎，一方面，顾客愤怒首先会引起员工自动化的原始情绪感染，以及基于人际不公平的消极情绪反应，二者共同导向员工愤怒情绪，从而降低服务补救效能；另一方面，顾客愤怒又可传递出顾客的强硬姿态、高权力地位、报复动机及意图，诱发员工有关威胁感的认知推断，从而提高服务补救效能。有鉴于此，本研究有充足理由预测，员工愤怒情绪和员工感知威胁在顾客愤怒与服务补救行为之间发挥中介作用。

对顾客愤怒强度而言，高强度愤怒包含更多、表现更剧烈的情绪线索，有利于员工觉察情绪刺激，吸引员工注意力，随后提高愤怒感染程度；与此同时，顾客高强度愤怒作为消极工作事件，引起了员工的人际不公平感，也促进了员工形成愤怒反应，员工在两种情绪路径作用下产生的愤怒情绪最终降低了服务补救行为效能。与此同时，愤怒的信息价值有助于员工识别出来自顾客的风险信息，增加员工的工作难度和工作不安全感，进而诱发员工威胁感知，最终激励员工采取必要的补救措施来避免潜在损失，达到自我保护的目的，由此表现出积极效应。有鉴于此，本研究提出假设：

H7a：员工愤怒情绪在顾客愤怒的强度与服务补救行为之间起到中介作用。

H7b：员工感知威胁在顾客愤怒的强度与服务补救行为之间起到中介作用。

顾客愤怒的高员工相关度与员工自身利益直接相关，提高了员工主观感知的顾客情绪重要性（Oreg et al., 2018）。首先，愤怒高相关度可启动员工高级认知，分散了其对易感的非言语线索的注意力，同时也激活了员工当前情境下的工作角色及工作目标，抑制了其原始情绪感染，促使员工有意识地调节内心消极情绪；其次，高相关度还可以促进员工理性思考顾客情绪对自身利益的影响，增加员工涉入度，放大威胁感知，甚至促使员工在高估损失和威胁的情况下，依据预防焦点的隐含假设强化绩效导向。以上两种影响过程最终都导向更高的服务补救表现，由此，由研究提出假设：

H8a：员工愤怒情绪在顾客愤怒的员工相关度与服务补救行为之间起到中介作用。

H8b：员工感知威胁在顾客愤怒的员工相关度与服务补救行为之间起到中介作用。

（5）顾客愤怒的强度与员工相关度的交互影响

截至目前，本书已论证了员工会从顾客愤怒的强度和员工相关度这两个方面去感知和理解顾客情绪，正是二者通过影响员工情绪反应及认知推断，进而对服务补救行为产生影响。Weingart等人（2015）指出，以冲突表达的两个特性为基础，可组合形成四种人际冲突类型。依据该观点，本研究认为员工在感知顾客愤怒和做出适应性应对时，也会将顾客愤怒强度与员工相关度同时纳入评估体系，依据二者的高低组合形成四种类型的顾客愤怒，并进行联合评估。由此,员工的即时服务补救行为也会呈现出差异。

基于顾客愤怒强度与员工相关度对服务补救行为的正向主效应,容易推导出高顾客愤怒强度—高员工相关度的"双高"组合将带来最高水平的员工服务补救行为。具体而言:高员工相关度使员工感知顾客愤怒与其自身直接关联,可促进员工理性认知,引导员工识别出顾客情绪表达背后的威胁信息;高顾客愤怒强度虽然会增加员工消极情感反应,但同时也会促进员工对顾客攻击倾向与支配意向等威胁信息的识别,且后者发挥的作用更大。因此,顾客愤怒强度和员工相关度联合构成的"双高"组合在明确强烈冲突存在的同时也突出了顾客威胁的迫切程度,有益于员工迅速做出适应性应对(诸彦含 等,2019;Lam et al., 2019)。此外,有研究指出,当情绪接受者处于双方权力差异关系的弱势方时,情绪接受者更容易对这种"双高"的类似冲突表达妥协或屈从(Gelfand et al., 2012)。鉴于服务互动中员工一贯处于相对低权力的位置,加上服务组织高度奉行顾客导向,故本研究预测,面对"双高"组合的顾客愤怒时,员工将选择隐忍和屈服,并努力提高服务补救来缓解冲突。

然而,其他三种顾客愤怒组合或多或少会削弱员工服务补救行为。对低顾客愤怒强度—高员工相关度的顾客愤怒组合,尽管员工仍能感知顾客消极情绪与其自身高度关联,但低顾客愤怒强度情绪的唤起水平低,会降低顾客威胁的紧迫性,甚至可能让员工体会到顾客的善意,反而增加心理安全感,导致员工同时体会到积极和消极效应的混合情绪,引发认知失调,降低补救速度(Rothman et al., 2017)。对高顾客愤怒强度—低员工相关度的顾客愤怒组合,员工感知顾客情绪表达的信息含糊,甚至质疑顾客表达"错位愤怒"(misplaced anger)的真实动机(Tao et al., 2016;Weingart et al., 2015)。具体而言,低相关度的"错位"对应顾客愤怒的内容不正当,高顾客愤怒强度的"反应过度"对应顾客愤怒的形式不正当,二者同时存在时,反而传递出顾客故意贬损的负面信息,甚至可能促使员工怀疑顾客是否有故意放大甚至伪装情绪以骗取服务赔偿的嫌疑(Hillebrandt & Barclay, 2017)。因此,这种缺乏明确指向却又表现强烈的顾客愤怒导致员工产生顾客"对人不对事"的负面印象,员工感到面子受到威胁而非工作受到威胁,行动表征为"消极互惠"以挽回颜面而非解决冲突(诸彦含 等,2016)。对低顾客愤怒强度—低员工相关度的"双低"顾客愤怒组合,顾客诉求模糊,员工情绪唤起低,员工处于"低活性的不快情绪"（如困惑）中，因此导致服务补救懈怠、拖延甚至停止的情况（诸彦含 等，2016）。综上所述，本研究提出假设：

H9：相较于其他组合的顾客愤怒，高顾客愤怒强度—高员工相关度的"双高"顾客愤怒组合将带来最高水平的服务补救行为。

此外，本研究进一步假设员工感知威胁中介了上述交互效应。理由简述如下：第一，从交互效应的推导中可以看到，区分顾客愤怒的"双高"组合与其他组合影响效应的主导因素为员工相关度，因为它启动了员工高级认知，引导员工对顾客情绪内容的合理性进行"定调"（Tao et al.，2016）；第二，从前文假设可知，顾客愤怒的两个感知对员工感知威胁的影响方向与二者对服务补救行为的主效应方向一致；第三，员工愤怒情绪降低服务补救效能，员工感知威胁提升服务补救效能。从实践角度来看，服务管理者更关注何种情况下员工会充分发挥主观能动性来积极补救，因此强调积极的认知路径更具有现实意义（Z. Wang et al.，2017）。因此，本研究提出假设：

H10：相较于其他组合的顾客愤怒，高顾客愤怒强度—高员工相关度的"双高"顾客愤怒组合将带来最高水平的员工感知威胁。

H11：在高顾客愤怒强度—高员工相关度的"双高"顾客愤怒组合（相较于其他组合）带来最高水平的服务补救行为关系中，员工感知威胁起到了中介作用。

3.3.2 服务氛围的调节作用

目前，研究者在探讨情绪的人际影响的调节效应时，大多聚焦于表达者或者接受者的个人特质变量，比如员工能力（Rafaeli et al.，2012；M. Wang et al.，2011）与人格特质（M. Wang et al.，2011；Skarlicki et al.，2008），或者顾客社会地位等（Jerger & Wirtz，2017）。从实践意义上来说，与其让企业从相对难以控制的个人层面出发去调节双方互动，毋宁主动去创造一种可最大限度激发员工主观能动性的内部环境特征。有研究指出，根据强度差异可以将特征情境划分为强情境与弱情境：强情境对个体行为的要求及期望较为具体和明确，可激发个体的一致性反应；弱情境则相反，对个体行为无明确要求及期望，个体行为随意性较大（张振刚 等，2016）。有鉴于此，企业可致力于在组织内部构建一种有利于提高服务质量的强情境。如此一来，不仅可以免于对每一次服务互动进行监测，还可以长期保证员工良好的工作表现。构建浓厚的服务氛围就是这样一种有效的管理实践。

一般来说，对"氛围"的界定有基于客观条件和主观感知之区别。如果采取客观条件定义，则意味着组成氛围的系列要素对环境内每一个体都具有同一性，然而真实情况却是不同个体往往对同一环境氛围的意义建构存在较大的主观知觉差异（张若勇 等，2009）。有鉴于此，目前大多数学者选择从主观知觉角度定义"氛围"。关于服务氛围的内涵，可结合组织氛围的内涵来理解。组织氛围是指"员工对组织内事件、实践、程序以及在特定情况下得到奖励、支持和期望的行为的看法"，服务氛围是组织氛围的特定形式之一，强调服务质量的战略导向，因此学界将其定义为"员工对于组织期望、支持与奖励优质服务方面的政策、程序与行为的感知与描述"（Hong et al.，2013；张若勇 等，2009）。服务氛围具有两个关键内涵：第一，它明确了组织对服务质量的期许，体现了组织成员对优质服务质量的共识；第二，它反映了组织在政策、技术等方面为员工服务工作提供的配套支持（Jerger & Wirtz，2017）。已有研究证实，服务氛围可通过期望、支持和奖励三方面作用来直接影响员工态度与行为绩效（张若勇 等，2009），然而目前讨论服务氛围作为调节变量的研究仍然十分有限（余传鹏 等，2018）。有鉴于此，探讨服务氛围对顾客与员工服务互动的调节效应兼具理论及实践意义。接下来本研究将详细阐释服务氛围对顾客愤怒与员工心理反应（员工愤怒情绪、员工感知威胁）之间的关系的调节作用，以及服务氛围对员工心理反应中介效应的调节作用。

3.3.2.1 服务氛围对顾客愤怒与员工心理反应（情感与认知）之间的关系的调节

员工产生愤怒情绪反应的过程与强服务氛围并不兼容。首先，在强服务氛围组织内，组织或公司领导明确提出了对服务质量的期望，为员工清楚界定了"做什么"的问题；其次，丰富的技术支持、完备的技能培训、明晰的规章制度等软硬件配套支持为员工服务工作提供了良好基础，员工"如何做"的问题得到解决；最后，奖励优质服务的相关政策可以作为诱因启动员工产生"做好之后会如何"的预期，从而提升员工工作的努力及投入程度（张若勇 等，2009）。强服务氛围在期望、支持、奖励这三方面的影响，可以共同促进员工高级认知加工，有利于抑制顾客愤怒的情绪感染；与此同时，也可强化员工服务提供者的工作角色和顾客至上的工作目标，有利于将员工目标表征调整到如何提供优质服务上，降低了员工对顾客不公平的敏感性，由此减少员工愤怒（Jerger & Wirtz，2017）。此外，强服务氛围还可以作为一种组织资源，为遭遇顾客不当对待的员工补充心理及社会资源，增加员工应付棘手顾客时的情绪管理自我效能，有益于员工调节和管控双方消极情绪。综合而言，强服务氛围既能有效抵御顾客愤怒强度与员工愤怒情绪的共变，也能加强顾客愤怒的员工相关度对员工愤怒情绪的抑制。与之相反，当组织内部的服务氛围薄弱时，关于如何服务好顾客的组织期望、相关软硬件支持、奖励政策缺失，员工缺乏具体而明确的要求，服务工作随意性增加，更容易受到顾客愤怒情绪的感染，形成相同的愤怒情绪（余传鹏 等，2018）。由此，本研究提出假设：

H12a：服务氛围可以调节顾客愤怒强度与员工愤怒情绪之间的关系：服务氛围越强，顾客愤怒强度对员工愤怒情绪的影响越弱。

H12b：服务氛围可以调节顾客愤怒的员工相关度与员工愤怒情绪之间的关系：服务氛围越强，顾客愤怒的员工相关度对员工愤怒情绪的影响越强。

强服务氛围会减弱顾客愤怒与员工感知威胁之间的正向关系。与上面的论述逻辑类似，首先，强服务氛围组织将服务质量期望及具体应对措施清楚写入章程，员工对"应该做什么""应该如何做"形成清晰认识，保障了危机处理有法可依、有章可循；其次，整个组织将服务好顾客、确保服务质量作为共同目标，因此强服务氛围组织通常为员工提供了完备的工作配套支持，有利于员工向同事、主管寻求帮助（Jerger & Wirtz，2017；Kutaula et al.，2020）。以上两方面作用，一来可以提高员工面对高顾客愤怒强度或高员工相关度时的心理安全感，二来还可以减少员工工作难度和工作压力，从而降低员工威胁感知。Baker 和 Kim（2020）通过实证研究发现，组织管理者的支持可以有效减少员工遭受不文明顾客对待时的焦虑与不安感。此外，研究还显示，服务氛围与安全氛围正相关，与以不确定性为特点的恐惧（威胁）氛围负相关（Brawley Newlin & Pury，2020）。根据调节焦点理论，安全氛围激活促进焦点，不安全氛围激活防御焦点（毛畅果，2017）。这就意味着强服务氛围实际上可以促进员工成为追求成就目标的促进焦点而非规避风险的防御焦点，这将不利于员工理性评估当前威胁和专注于做决策（Geng et al.，2018）。由此，本研究提出假设：

H12c：服务氛围可以调节顾客愤怒的强度与员工感知威胁之间的关系：服务氛围越强，顾客愤怒强度对员工感知威胁的影响越弱。

H12d：服务氛围可以调节顾客愤怒的员工相关度与员工感知威胁之间的关系：服务氛围越强，顾客愤怒的员工相关度对员工感知威胁的影响越弱。

3.3.2.2　服务氛围对员工心理反应（情感与认知）中介效应的调节

鉴于上文已经讨论了员工愤怒情绪与感知威胁在顾客愤怒与服务补救行为之间的中介作用，本研究进一步预测服务氛围对二者的中介作用也具有调节影响，即被调节的中介效应。

强烈的服务氛围既能有效抵御顾客愤怒强度与员工愤怒情绪的共变，也能加强顾客愤怒的员工相关度对员工愤怒情绪的抑制，由此保证员工服务补救工作。强烈的服务氛围在为员工工作和心理安全提供支持的同时，也减弱了员工面对愤怒的顾客的威胁感，阻碍了员工出于自我保护动机而增加服务补救的行为倾向。需要说明的是，本研究并不否认服务氛围对员工服务补救的直接促进作用。实际上大量研究已经证明了服务氛围对员工服务绩效有直接且显著的正向影响（张若勇 等，2009；Hong et al.，2013），此处仅从员工感知威胁这个认知路径切入去探讨被调节的中介效应。用调节焦点理论解释即是，强服务氛围主要通过激励员工获取顾客满意的成就目标来提升服务补救，而非通过避免未来责罚的回避目标来促进服务补救，因为强服务氛围和顾客愤怒与员工感知威胁之间的逻辑不匹配。由此，本研究提出假设：

H13a：员工愤怒情绪对顾客愤怒强度与服务补救行为之间关系的中介作用受到服务氛围调节：服务氛围越强，中介效应越弱。

H13b：员工愤怒情绪对顾客愤怒的员工相关度与服务补救行为之间关系的中介作用受到服务氛围调节：服务氛围越强，中介效应越强。

H13c：员工感知威胁对顾客愤怒强度与服务补救行为之间关系的中介作用受到服务氛围调节：服务氛围越强，中介效应越弱。

H13d：员工感知威胁对顾客愤怒的员工相关度与服务补救行为之间关系的中介作用受到服务氛围调节：服务氛围越强，中介效应越弱。

3.3 本章小结

本章为研究的整体框架、理论模型与研究假设推演部分。通过构建理论框架及研究假设，本章详细阐述了顾客愤怒对一线员工服务补救行为的影响，以及员工情感和认知两种心理反应在其中的中介作用。首先，在明确服务失败及补救为研究情境的基础上，基于情绪即社会信息理论构建了总体研究框架，并对关键变量的选取和定义进行阐释，具体包括顾客愤怒的强度和员工相关度、服务补救行为、员工愤怒情绪、员工感知威胁、服务氛围。然后，分别从顾客愤怒对一线员工服务补救行为的影响及中介机制、服务氛围的调节作用两个板块出发，结合现有理论和相关实证研究对本书研究假设进行逻辑推演，具体包括顾客愤怒对服务补救行为的影响、员工愤怒情绪和员工感知威胁两种心理反应在其中的中介作用、服务氛围对顾客愤怒和员工心理反应之间关系的调节以及对员工心理反应中介效应的调节。

4 问卷调查

　　本研究拟结合问卷调查法和情境实验法两种方法对上一章确定的理论模型及假设进行验证。问卷调查法是最便捷的数据搜集方法，对被调查者干扰小，可以迅速获得所研究问题在真实场景里的实际反映的一个概况。然而问卷调查尤其是横截面的问卷调查只能验证变量之间的相关关系，不能进行因果推断。实验研究方法既可以对实验过程和研究变量进行严格、主动的控制，还可以尽量排除干扰变量的影响，能有效验证因果关系，因此内部效度高，但其缺点是容易受"非自然状态下"的实验情境与特定样本限制，外部效度较低（陈晓萍 等，2012）。联合采用两种研究方法对同一研究问题进行检验，预期可取长补短，提高研究整体效度（陈晓萍 等，2012）。有鉴于此，本研究首先运用问卷调查法对总体研究模型进行验证，对变量之间的关系形成初步了解，同时实现对真实服务互动情况的整体把握，然后结合调研问卷中被访者的关键事件描述以及与酒店人员的访谈资料，设计情境实验，通过多种方式控制顾客愤怒，进一步验证变量之间的因果关系。

　　本章主要内容为设计和实施问卷调查检验总体研究模型，通过数据分析来验证全书大部分研究假设。具体而言，本研究的问卷调查基于关键事件方法展开，调查真实服务失败及补救中一线员工与愤怒的顾客的互动情况，调查样本为国内旅游接待业一线员工，对除交互效应假设以外的所有假设关系进行初步验证，即假设 H1~H8、H12~H13。

4.1 问卷设计与测量工具

4.1.1 问卷设计

本研究联合关键事件技术开展问卷调查。Bitner 等（1990）指出，关键事件技术特别适合探讨顾客与员工之间的真实服务互动，因为该方法以特定接触片段为研究单位，通过被试事件回溯还原互动过程，可为记录和理解个体反应提供准确、一致的解释。Sirianni 等（2013）也认为关键事件方法有利于理解日常服务接触，在研究中基于关键事件方法开展问卷调查可有效提高研究结果的外部效度。

本次调查问卷结构如下：首先，被访员工需要在问卷第一部分回答开放性问题，即回忆过去六个月内在工作中发生的一次包含顾客愤怒的服务失败及补救事件。员工被要求简要描述该事件起因、过程及结果，并对顾客愤怒的表情、言语及肢体行为等线索做尽可能详细的描述，以达到增强员工记忆、生动还原互动过程的目的；其次，员工需根据回忆事件中双方的真实互动情况回答相关问卷题项，包括顾客愤怒（强度和员工相关度）、员工心理反应（员工愤怒情绪和员工感知威胁）、员工核心服务补救行为等；再次，员工对其所在公司的服务氛围、自身情绪调控自我效能等变量进行作答；最后，员工回答性别、年龄、工作年限等人口统计特征题项，问卷调查结束。

4.1.2 测量工具

调查问卷所涉及变量均借鉴已有文献中的成熟量表，采用 Likert 7 点量表测量。笔者邀请两位精通中、英双语的外语专业博士生对调查问卷进行互译和校对，并在正式调研前结合领域专家的结构化访谈意见和酒店一线员工的小规模前期测试结果，对问卷题项数及表述进行适当修正，最终形成了正式调查问卷。各变量测量及内部一致性系数具体如下：

顾客愤怒的强度量表整合 Glikson 等（2019）、Adam 和 Brett 等（2018）的测量，共 3 个题项，包括感觉顾客"生气"（CAI1）、"恼怒"（CAI2）、"气愤"（CAI3）的程度（Cronbach'α = 0.890）。

顾客愤怒的员工相关度参考 Houston 和 Walker（1996）的量表，共 5 个题项，条目分别为"该顾客的愤怒情绪跟我紧密相关"（CAR1）、"该顾客的愤怒情绪我非常关心"（CAR2）、"该顾客的愤怒情绪对我意义重大"（CAR3）、"该顾客的愤怒情绪我非常在意"（CAR4）、"该顾客的愤怒情绪对我来说事关重大"（CAR5）（Cronbach'α = 0.842）。

员工愤怒情绪量表采用 Jerger 和 Wirtz（2017）的研究，共 3 个题项，条目分别是"我对该顾客很生气"（EA1）、"我很不高兴"（EA2）、"我对该顾客很恼怒"（EA3）（Cronbach'α=0.917）。

员工感知威胁量表改编自 Glikson 等（2019），共 4 个题项，条目分别为"该顾客具有一定威胁性"（ET1）、"该顾客很有可能向我的领导投诉"（ET2）、"该顾客很有可能向其他人抱怨"（ET3）、"该顾客很有可能影响我们公司的名声"（ET4）（Cronbach'α=0.792）。

关于服务补救行为的测量，考虑到经济补偿并非所有公司必要的和通用的补救方式，因此在问卷调查中仅测量基础的核心服务补救行为。根据 Van der Heijden 等人（2013）的定义，核心服务补救行为是一个二阶变量，由一线服务员工的迅速解决问题和礼貌对待顾客两个方面组成，共计 5 个题项。其中，迅速解决问题包含 2 个题项，条目分别为"我尽了最大努力去解决该顾客所汇报的问题"（ERB_TASK1）和"我尽我所能地快速回应和补救"（ERB_TASK2）。礼貌对待顾客包含 3 个题项，条目为"我礼貌地对待该顾客"（ERB_PER1）、"我恭敬地对待该顾客"（ERB_PER2）、"我为该顾客提供了周到的服务"（ERB_PER3）。研究参考（Chin, 1998）的子维度路径载荷法对二阶变量信度进行评估。Chin 指出，当高阶变量各维度因子载荷系数大于 0.7，且维度间呈现显著的中等程度相关时，表明二阶变量具有良好的信度。研究通过对核心服务补救行为进行路径系数分析发现，"迅速解决问题"和"礼貌对待顾客"的路径载荷分别为 0.963、0.888，大于临界值 0.7 且达到显著水平（p<0.001），二者相关系数为 0.855（p<0.001）。此外，当把核心服务补救行为的所有题项共同纳入内部一致性系数分析时，发现该高阶变量的 Cronbach'α 为 0.714，说明信度达到可接受限度。

服务氛围测量参考 Jerger 和 Wirtz（2017）量表，共 5 个题项，示例条目为"我掌握如何传递卓越服务的相关工作知识及技能的程度"（FSC1）、"完成出色服务工作后，我获得认可和奖励的程度"（FSC2）、"我们公司领导层为了保证服务质量所做努力的程度"（FSC3）、"我与顾客沟通的有效性程度"（FSC4）、"为了确保我能提供优质服务，公司在工具、技术和其他方面提供支持的程度"（FSC5）（Cronbach'α=0.783）。

已有研究发现，员工情绪调控自我效能会影响员工对顾客情绪的识别和反应（M. Wang et al., 2011），因此将该变量纳入控制变量。员工情绪调控自我效能的测量采用 Wang 等（2011）的量表，共计 4 个题项，分别为"我能够控制我的脾气来理性应对困难"（ESE1）、"我很擅长控制我自己的情绪"（ESE2）、"当我生气时，我总能够快速冷静下来"（ESE3）、"我对自己的情绪有良好的控制"（ESE4）。此外，问卷包含的控制变量还有服务失败严重程度、员工性别、员工年龄、员工工作年限。

4.2　数据搜集与样本概况

研究选择旅游接待行业（包括酒店业、餐饮业、航空业、旅游业等）一线员工作为调查对象。原因有三点：第一，旅游接待业属于典型的服务行业，顾客与员工互动频繁，特别适合分析片段式服务接触过程（Bitner et al.，1990）。第二，旅游与接待消费的异地性脱离了顾客日常生活环境（方淑杰 等，2019），导致顾客容易产生不合理预期，引发服务失败，同时顾客也更容易发泄和放大服务失败后的负面情绪，因此特别适合研究服务失败及补救中的情绪互动（McColl-Kennedy & Sparks，2003；Du et al.，2014）。第三，从实践层面来看，旅游接待业一线员工的即时反应和行为对保证服务互动质量尤为关键，是管理者亟须关注的问题（Bitner et al.，1990）。

正式调查委托国内权威数据回收平台——"问卷星"网络代为实施。数据搜集耗时两周，共发放 455 份问卷。扣除未在关键事件描述题项中填写任何内容的样本 3 份，以及未通过注意力测试的样本 89 份，最终得到有效样本 363 份，有效回收率为 79.8%。样本总体分布情况见表 4-1。其中在性别方面，男性 110 人（占比 30.3%），女性 253 人（占比 69.7%）；在员工年龄方面，25 岁及以下 55 人（占比 15.2%），26~35 岁 252 人（占比 69.4%），36~45 岁 50 人（占比 13.7%），46 岁以上 6 人（占比 1.7%）；在工作年限方面，5 年及以下 182 人（占比 50.1%），6~10 年 139 人（占比 38.3%），超过 10 年的 42 人（占比 11.6%）。从经验上看，这些描述统计信息与我国旅游接待业服务人员人口分布特征基本相符。

表 4-1 问卷调查样本分布情况

基本特征	分类	样本数量/人	百分比/%
性别	男	110	30.3
	女	253	69.7
	总数	363	100
年龄	25 岁及以下	55	15.2
	26~35 岁	252	69.4
	36~45 岁	50	13.7
	46 岁及以上	6	1.7
	总数	363	100
工作年限	5 年及以下	182	50.1
	6~10 年	139	38.3
	10 年以上	42	11.6
	总数	363	100

4.3 实证分析

4.3.1 同源误差控制

问卷调查采用自评数据，存在同源误差的风险。根据 Podsakoff 等人（2003）的建议，研究采取多种方式进行控制。首先，本次调查中所有参与员工均为匿名填答问卷。其次，本次调查问卷中的题项呈现顺序随机编排。最后，除了上述程序控制方法外，研究还在统计评估上采用 Harman 单因子法进行检验，判断问卷是否存在同源误差。主成分分析结果显示，共提取出 7 个因子，解释方差最大的因子 1 方差贡献度为 23.14%，小于 50%，说明同源误差问题并不严重。

4.3.2 信度和效度分析

笔者联合采用 SPSS23.0 软件和 Mplus 8.3 软件检验变量信度和效度。各题项因子载荷量及信度检验分析结果如表 4-2 所示。各变量题项的因子载荷均大于 0.5，且达到显著水平，组合信度 CR 也均大于 0.7。除员工感知威胁和服务氛围的平均方差提取值 AVE 分别为 0.495 和 0.436 外，其他变量的 AVE 均大于 0.5 的临界值。Fornell & Larcker （1981） 指出，尽管一般要求 AVE 大于 0.5 的临界值，但当变量 CR 大于 0.6 时，AVE 在 0.36 ~ 0.5 之间也是可接受的。因此，可认为研究调查问卷具有较好的信度。变量之间相关系数如表 4-3 所示，表中对角线上各变量的 AVE 平方根均大于此变量与其他变量的相关系数，说明变量之间具有良好的区分效度。综合上述结果可以看出，本研究量表具有良好信效度。

笔者利用 Mplus 8.3 软件对整体测量模型进行检验。包括员工情绪管理自我效能这个控制变量在内，本研究测量模型为 7 因子模型。检验结果表明，7 因子测量模型的拟合度较为理想（χ^2/df = 1.752；CFI = 0.941；TLI = 0.932；RMSEA = 0.046；SRMR = 0.049）。

表 4-2　问卷调查变量的题项因子载荷量及信度检验结果

变量及测量指标	因子载荷量	Cronbach's Alpha	CR	AVE
顾客愤怒的强度		0.890	0.893	0.735
CAI1	0.837			
CAI2	0.873			
CAI3	0.861			
顾客愤怒的员工相关度		0.842	0.843	0.519
CAR1	0.671			
CAR2	0.616			
CAR3	0.726			
CAR4	0.787			
CAR5	0.788			
员工愤怒情绪		0.917	0.918	0.789
EA1	0.899			
EA2	0.877			
EA3	0.889			
员工感知威胁		0.792	0.795	0.495

表4-2(续)

变量及测量指标	因子载荷量	Cronbach's Alpha	CR	AVE
ET1	0.629			
ET2	0.806			
ET3	0.673			
ET4	0.693			
核心服务补救行为		0.727	0.924	0.858
迅速解决问题	(0.963)			
ERB_ TASK1	0.676			
ERB_ TASK2	0.526			
礼貌对待顾客	(0.888)			
ERB_ PER1	0.638			
ERB_ PER2	0.576			
ERB_ PER3	0.691			
服务氛围		0.790	0.794	0.436
FSC1	0.618			
FSC2	0.648			
FSC3	0.681			
FSC4	0.693			
FSC5	0.659			
情绪调控自我效能		0.803	0.805	0.509
ESE1	0.648			
ESE2	0.693			
ESE3	0.721			
ESE4	0.786			

表 4-3 问卷调查各变量相关系数及区分效度检验

变量	1	2	3	4	5	6	7	8	9	10	11
1 CAI	0.857										
2 CAR	0.096	0.720									
3 EA	0.207**	-0.285**	0.888								
4 ET	0.482**	0.110*	0.291**	0.704							
5 ERB	0.056	0.380**	-0.286**	0.079	0.926						
6 FSC	0.055	0.393**	-0.142**	0.060	0.501**	0.660					
7 ESE	0.005	0.341**	-0.261**	-0.003	0.466**	0.573**	0.713				
8 SEVE	0.209**	-0.003	0.069	0.119*	-0.140**	-0.102	-0.101	–			
9 YEAR	0.142**	0.084	0.026	0.073	-0.057	0.091	0.063	0.061	–		
10 AGE	0.068	0.063	-0.014	0.038	-0.032	0.027	0.040	0.026	0.714**	–	
11 GEN	-0.082	-0.060	-0.006	-0.047	0.023	-0.015	-0.098	0.015	-0.031	0.002	–
M	5.078	5.239	3.520	4.915	5.919	5.560	5.512	2.490	6.307	30.645	0.700
SD	1.159	1.048	1.546	1.123	0.679	0.768	0.863	1.149	3.945	5.229	0.460

注：CAI 表示顾客愤怒的强度，CAR 表示顾客愤怒的员工相关度，EA 表示顾客愤怒情绪，ET 表示员工愤怒情绪，EA 表示员工相关度，EA 表示员工感知威胁，FSC 表示服务氛围，ESE 表示情绪调节自我效能，SEVE 表示事件严重程度，YEAR 表示工作年限，AGE 表示年龄，GEN 表示性别。对角线为 AVE 的平方根；* p<0.05，** p<0.01。

4.3.3　假设检验

4.3.3.1　主效应检验

笔者采用层次回归方法检验研究假设，结果见表 4-4 和表 4-5。方差膨胀因子（VIF）检验结果表明，所有 VIF 值均小于 2，说明研究共线性问题并不严重。顾客愤怒的强度对服务补救行为有显著的正向影响（$\beta_1 = 0.096$，$p<0.05$），顾客愤怒的员工相关度对服务补救行为也有显著的正向影响（$\beta_2 = 0.263$，$p<0.001$），假设 H1 和 H2 成立。顾客愤怒的强度对员工愤怒情绪和员工感知威胁均具有显著的正向影响（$\beta_{3a} = 0.204$，$p<0.001$；$\beta_{3b} = 0.477$，$p<0.001$），假设 H3a、H3b 成立。顾客愤怒的员工相关度对员工愤怒情绪具有显著的负向影响（$\beta_{4a} = -0.228$，$p<0.001$），对员工感知威胁具有显著的正向影响（$\beta_{4b} = 0.116$，$p<0.05$），假设 H4a、H4b 成立。

表 4-4　核心服务补救行为作为因变量时的层次回归结果

	模型 1	模型 2	模型 3	模型 5	模型 6
控制变量					
情绪调控自我效能	0.468 ***	0.467 ***	0.409 ***	0.380 ***	0.355 ***
严重程度	−0.089	−0.108 *	−0.111 *	−0.096 *	−0.102 *
工作年限	−0.090	−0.106	−0.095	−0.104	−0.098
年龄	0.017	0.022	0.009	0.014	0.006
性别	0.068	0.075	0.074	0.075	0.074
主效应					
顾客愤怒的强度		0.096 *	0.080		
顾客愤怒的员工相关度				0.263 ***	0.212 ***
员工愤怒情绪			−0.223 ***		−0.159 ***
员工感知威胁			0.130 *		0.126 **
R^2	0.237 ***	0.245 ***	0.291 ***	0.297 ***	0.323 ***
ΔR^2		0.009 *	0.46 ***	0.061 ***	0.025 ***
	VIF	1.074 ≤ VIF ≤ 1.379			

注：对角线为 AVE 的平方根；* $p<0.05$；** $p<0.01$；*** $p<0.001$

表 4-5　员工两种心理反应作为因变量时的层次回归结果

	员工愤怒情绪			员工感知威胁		
	模型 1	模型 2	模型 3	模型 4	模型 5	模型 6
控制变量						
情绪调控自我效能	-0.264^{**}	-0.186^{**}	-0.202^{**}	0.000	-0.039	-0.034
严重程度	-0.001	0.046	-0.002	0.115^{*}	0.112^{*}	0.011
工作年限	0.053	0.099	0.051	0.001	0.075	-0.005
年龄	-0.055	-0.064	-0.043	0.005	-0.024	0.011
性别	-0.013	-0.035	-0.026	-0.009	-0.043	-0.110
主效应						
顾客愤怒的强度	0.204^{***}		0.246^{***}	0.477^{***}		0.464^{***}
顾客愤怒的员工相关度		-0.228^{***}	-0.297^{***}		0.116^{*}	0.045
服务氛围			0.039			0.018
交互效应						
顾客愤怒的强度×服务氛围			-0.103^{*}			0.016
顾客愤怒的员工相关度×服务氛围			-0.149^{**}			-0.108^{*}
VIF	$1.074 \leqslant VIF \leqslant 1.665$					

注：表 4-5 中所列为标准化回归系数；$^{*} p<0.05$；$^{**} p<0.01$；$^{***} p<0.001$。

员工愤怒情绪和员工感知威胁对服务补救行为分别存在显著的负向影响（$\beta_{5-1}=-0.223$，$p<0.001$；$\beta_{5-2}=-0.159$，$p<0.001$）以及显著的正向影响（$\beta_{6-1}=0.130$，$p<0.05$；$\beta_{6-2}=0.126$，$p<0.01$），假设 H5、H6 成立。此外，从表 4-4 可以看到，当加入员工愤怒情绪与员工感知威胁后，顾客愤怒的强度对服务补救行为的影响系数变得不显著（$\beta=0.080$，$p=0.130$），说明二者起到了完全中介作用。当加入员工愤怒情绪与员工感知威胁后，顾客愤怒的员工相关度对服务补救行为的影响系数减小（$\beta=0.212$，$p<0.001$），说明二者具有部分中介作用。接下来采用 Process 插件程序直接对员工愤怒情绪和员工感知威胁的中介作用进行检验。

4.3.3.2　中介效应检验

本研究拟采用 Preacher 和 Hayes（2004）开发的 Process 插件程序来检验中介作用。该程序基于回归分析思路，包含 76 种组合模型，可用于验证中介模型、调节模型、中介调节模型等。在本研究中，考察员工两种心理反应在顾客愤怒与服务补救行为之间的中介作用对应的分析属于简单中介效应，可用模型 4（Model 4）进行检验，该模型最多可允许有 10 个平行中介存在。

（1）顾客愤怒的强度通过员工心理反应影响服务补救行为

笔者利用 Process 插件程序中的模型 4，选择样本量 5 000、95% 置信区间对中介效应进行检验。Bootstrap 分析结果见表 4-6。员工愤怒情绪和员工感知威胁的间接效应显著，分别为 -0.027（置信区间为 [-0.044 6，-0.012 4]）、0.036（置信区间为 [0.008 6，0.068 4]），两个置信区间均不包含 0。此外，控制这两个变量后，顾客愤怒的强度对服务补救行为的直接影响并不显著，效应量为 0.044，置信区间 [-0.017 1，0.104 1] 包含 0，说明员工愤怒情绪、员工感知威胁在顾客愤怒的强度与服务补救行为之间发挥了完全中介作用，假设 H7a、假设 H7b 成立。

（2）顾客愤怒的员工相关度通过员工心理反应影响服务补救行为

笔者同样挑选 Process 插件程序中的模型 4，选择样本量为 5 000、95% 置信区间，对员工愤怒情绪和员工感知威胁在顾客愤怒的员工相关度与服务补救行为关系中的中介效应进行检验。结果如表 4-6 所示。员工愤怒情绪的间接效应显著为 0.035，置信区间 [0.011 1，0.066 2] 不包含 0，然而员工感知威胁的间接效应置信区间包含 0，为 [-0.000 2，0.036 2]。为此，笔者继续放宽条件，选择样本量为 5 000、90% 置信区间进行再次检验。此时员工感知威胁的间接效应变得显著，为 0.014，置信区间 [0.001 6，0.030 0] 不再包含 0。控制员工愤怒情绪与员工感知威胁后，顾客愤怒的员工相关度对服务补救行为的直接影响仍旧显著，置信区间 [0.073 5，0.198 1] 不包含 0，说明员工愤怒情绪、员工感知威胁在顾客愤怒的员工相关度与服务补救行为之间发挥了部分中介作用，假设 H8a、H8b 成立。

表 4-6　中介效应的 Bootstrap 分析结果

路径	间接效应	标准误差	置信区间
顾客愤怒的强度→员工愤怒情绪→服务补救行为	-0.027^{*}	0.008 1	[$-0.044\ 6$, $-0.012\ 4$]
顾客愤怒的强度→员工感知威胁→服务补救行为	0.036^{*}	0.015 1	[0.008 6, 0.068 4]
顾客愤怒的员工相关度→员工愤怒情绪→服务补救行为	0.035^{*}	0.014 2	[0.011 1, 0.066 2]
顾客愤怒的员工相关度→员工感知威胁→服务补救行为	0.014^{*}	0.008 9	[0.001 6, 0.030 0]

注：选择 95%CI 验证员工感知威胁在顾客愤怒的员工相关度与核心服务补救行为关系中的间接效应时，间接效应的置信区间包含 0，将条件放宽至 90%CI 时，间接效应置信区间不包含 0，因此表中呈现的结果为 90%CI 时的结果；* p<0.05；** p<0.01；*** p<0.001。

4.3.3.3　调节效应检验

（1）服务氛围对顾客愤怒与员工心理反应（情感与认知）之间的关系的调节

服务氛围的调节效应结果见表 4-5。从模型 3 可知，顾客愤怒的强度与服务氛围的交互项对员工愤怒情绪的影响显著为负（$\beta_{11a}=-0.103$，p<0.05），顾客愤怒的员工相关度与服务氛围的交互项对员工愤怒情绪的影响同样显著为负（$\beta_{11b}=-0.149$，p<0.01），假设 H12a，H12b 成立；在模型 6 中，顾客愤怒的员工相关度与服务氛围的交互项对员工感知威胁的影响显著为负（$\beta_{11d}=-0.108$，p<0.05），假设 H12d 成立。然而，顾客愤怒的强度与服务氛围的交互项对员工感知威胁影响不显著（$\beta_{11c}=0.016$，p=0.747），假设 H12c 未得到支持。

笔者结合调节效果图和简单斜率分析进一步验证调节效应，结果详见图 4-1 中的组图。在图 4-1a 中，在弱服务氛围背景下，顾客愤怒的强度对员工愤怒情绪有显著的正向影响（$\beta=0.369$，p<0.001），在强服务氛围背景下，二者关系不显著（$\beta=0.096$，p=0.153）。在图 4-2b 中，在强服务氛围背景下，顾客愤怒的员工相关度对员工愤怒情绪的负向影响（$\beta=-0.426$，p<0.001）大于弱服务氛围下的负面影响（$\beta=-0.128$，p<0.05）。服务氛围对顾客愤怒的员工相关度和员工感知威胁之间的关系的调节效应如图 4-1c 所示。在弱服务氛围背景下，顾客愤怒的员工相关度

显著增加员工感知威胁（β=0.181，p<0.01），在强服务氛围背景下，两者关系不显著（β=-0.001，p=0.924）。综上所述，简单斜率分析再次确认了回归分析中的调节作用结果。

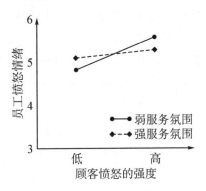

图 4-1a　服务氛围对顾客愤怒的强度与员工愤怒情绪之间的关系的调节

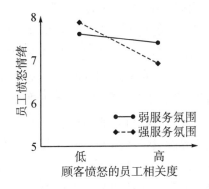

图 4-1b　服务氛围对顾客愤怒的员工相关度与员工愤怒情绪之间的关系的调节

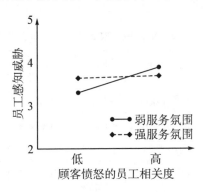

图 4-1c　服务氛围对顾客愤怒的强度与员工感知威胁之间的关系的调节

图 4-1　服务氛围在顾客愤怒强度与服务补救行为之间的中介作用

（2）服务氛围对员工心理反应（情感与认知）中介效应的调节

至此，研究已经验证了员工愤怒情绪与员工感知威胁两种心理反应在顾客愤怒与服务补救行为之间的中介作用，以及服务氛围对顾客愤怒与员工两种心理反应关系的调节作用，接下来继续检验服务氛围是否对上述中介作用存在调节效应，即被调节的中介效应。笔者根据 Preacher 等人（2007）的建议，计算服务氛围均值，再通过加减一个标准差来构建不同强弱水平的服务氛围，以此估计不同强弱水平下的间接效应，最后比较各组别间接效应差值。

笔者利用 Process 插件程序中的模型 7，选择样本量 5 000、95% 置信区间检验被调节的中介效应。服务氛围在不同强弱水平（均值±1SD）上的间接效应及其组别差值结果见表 4-7。在强服务氛围背景下，员工愤怒情绪对顾客愤怒强度与服务补救行为的间接效应显著低于弱服务氛围的间接效应，两组差异的置信区间为 [0.009 6, 0.058 5]，不包含 0，假设 H13a 成立；在强服务氛围背景下的员工愤怒情绪对顾客愤怒的员工相关度与服务补救行为的间接效应显著高于弱服务氛围背景下的间接效应，两组差异的置信区间为 [0.005 6, 0.046 0]，不包含 0，假设 H13b 成立。在样本量为 5 000、90% 置信区间条件下，强服务氛围背景下的员工感知威胁对顾客愤怒的员工相关度与服务补救行为的间接效应显著低于弱服务氛围背景下的间接效应，两组差异的置信区间为 [-0.026 1, -0.000 9]，置信区间不包含 0，假设 H13d 成立；由于服务氛围对顾客愤怒强度与员工感知威胁关系的调节影响本身不显著，故被调节的中介效应也不成立，两组差值的置信区间为 [-0.014 9, 0.013 1] 包含 0，不支持 H13c。

表 4-7　被调节的中介效应的 Bootstrap 分析结果

员工情绪	顾客愤怒	调节变量	间接效应	标准误差	置信区间
员工愤怒情绪	强度	强服务氛围	−0.015	0.008 2	[−0.032 0, 0.000 4]
		弱服务氛围	−0.045*	0.012 9	[−0.072 7, −0.022 6]
		两组差异	0.030*	0.012 3	[0.009 6, 0.058 5]
	员工相关度	强服务氛围	0.043*	0.015 2	[0.014 8, 0.074 7]
		弱服务氛围	0.018*	0.008 5	[0.003 9, 0.036 8]
		两组差异	0.025*	0.010 3	[0.005 6, 0.046 0]

表4-7(续)

员工情绪	顾客愤怒	调节变量	间接效应	标准误差	置信区间
员工感知威胁	强度	强服务氛围	0.036*	0.015 0	[0.008 7, 0.067 9]
		弱服务氛围	0.036*	0.016 1	[0.008 0, 0.071 4]
		两组差异	−0.000	0.006 8	[−0.014 9, 0.013 1]
	员工相关度	强服务氛围	0.000	0.006 5	[−0.011 1, 0.010 6]
		弱服务氛围	0.012*	0.007 3	[0.002 0, 0.025 0]
		两组差异	−0.012*	0.007 9	[−0.026 1, −0.000 9]

注：* $p<0.05$；** $p<0.01$；*** $p<0.001$。

4.4　实证结果讨论

本研究通过问卷调查法对总体研究模型及主要假设进行了初步验证，具体而言，得出了以下结论：

针对模型主体部分——员工感知的顾客愤怒对员工服务补救行为的影响过程，数据结果显示：①顾客愤怒的强度和员工相关度均对服务补救行为存在正向影响，假设 H1 和 H2 成立。②顾客愤怒的强度正向影响员工愤怒情绪与员工感知威胁，顾客愤怒的员工相关度负向影响员工愤怒情绪，正向影响员工感知威胁，假设 H3a、H3b、H4a、H4b 成立；员工愤怒情绪减少服务补救行为，员工感知威胁增加服务补救行为，假设 H5、H6 成立；进一步，本研究验证了员工愤怒情绪和员工感知威胁在顾客愤怒与服务补救行为关系之间的中介作用，假设 H7a、H7b、H8a、H8b 成立。综合来看，上述结果表明，顾客愤怒的强度、顾客愤怒的员工相关度对服务补救行为的影响过程存在差异，这首先证明了区分员工对顾客愤怒不同方面感知的必要性。再者，对顾客愤怒的不同感知对员工情感、认知及补救行为的影响不同，尤其是感知的顾客愤怒强度一方面增加员工愤怒情绪，另一方面又增加员工感知威胁的结论，也有效解释了以往文献结论关于员工对顾客消极情绪反应不一致的矛盾。

针对服务氛围的调节作用，数据分析结果显示：①服务氛围调节了顾客愤怒的强度与员工愤怒情绪之间的关系、顾客愤怒的员工相关度与员工愤怒情绪之间的关系，以及顾客愤怒的员工相关度与员工感知威胁之间的关系，假设 H12a、H12b、H12d 成立；相应的，服务氛围也对二者在顾客愤怒与服务补救行为关系之间发挥的中介作用具有调节影响，被调节的中介效应得到验证，H13a、H13b、H13d 成立。②然而，服务氛围对顾客愤怒的强度与员工感知威胁关系的调节影响不显著，对应被调节的中介效应也不显著，假设 H12c 和 H13c 不成立。可能的原因在于，尽管强服务氛围可通过增加员工心理安全感，使员工对顾客强烈愤怒带来的威胁产生免疫，但弱服务氛围也能在一定程度上减弱员工威胁感。首先，服务氛围较弱的组织对服务质量重视程度低，故员工感知紧迫性降低；其次，以往的研究发现，服务氛围与员工组织承诺正相关（Hong et al.，2013），这可能导致弱服务氛围组织内的低承诺员工并不关心顾客强烈的愤怒对组织绩效及声誉的威胁。因此，在不同强弱水平服务氛围背景下，顾客愤怒的强度对员工感知威胁的影响并无明显差异，亦即调节效应不显著。总体而言，调节效应的实证结果表明，服务氛围的调节作用具有双面性，一方面，强服务氛围可以减弱员工对顾客愤怒的消极情绪感染，进而抵御服务补救所受负面冲击；另一方面，强服务氛围也降低了员工感知威胁，进而削弱员工出于自我保护动机而做出服务补救努力的意愿。

4.5　本章小结

本章为研究的问卷调查部分。笔者以旅游接待行业一线员工为调查样本，采用事件回忆及自评填答的方式开展问卷调查，委托国内权威数据平台"问卷星"回收数据，对研究模型中变量之间的假设关系进行初步验证，确认了真实服务接触中的互动情况。首先，笔者对 363 份有效数据进行描述性统计和同源误差问题分析，并验证各变量的信度、效度，以及整体测量模型的拟合优度。其次，笔者利用层次回归分析和中介分析，检验了顾客愤怒对一线员工服务补救行为的影响及中介机制。最后，笔者结合层次回归和中介分析探讨了服务氛围对上述关系的调节作用，验证了调节效应以及被调节的中介效应。

5   情境实验

上一章基于问卷调查方法对总体模型进行了初步探讨，验证了主要研究假设。本章旨在采用情境实验法，对实验过程以及顾客愤怒进行有效控制，确认模型主体框架内变量之间的因果关系，进一步提高研究的内部效度。此外，通过实验方法直接控制顾客愤怒，可形成四种具有明显区分度的顾客愤怒组合（高顾客愤怒强度—高员工相关度、高顾客愤怒强度—低员工相关度、低顾客愤怒强度—高员工相关度、低顾客愤怒强度—低员工相关度），以便对交互效应假设 H9、H10、H11 进行检验。本章由四个情境实验构成：实验一、实验二、实验三分别采用图片刺激、文字刺激、音频刺激对顾客愤怒进行控制，旨在验证顾客愤怒对员工心理反应包括员工愤怒情绪与员工感知威胁的影响；实验四沿用音频刺激材料，旨在检验研究模型主体部分即顾客愤怒对服务补救行为的影响及中介机制。

5.1   实验一：顾客愤怒的强度对员工心理反应的影响研究

实验一以酒店业服务互动为实验情境，采用面部表情图片作为刺激材料，利用单因素被试间实验设计，探讨顾客愤怒的强度对员工愤怒情绪及员工感知威胁的影响。

5.1.1   实验情境

本研究选择酒店企业的服务互动作为背景设计实验情境，因为酒店是最具代表性的服务型企业（李艳丽 等，2012）。为了设计出合适的服务失败及补救情境，笔者在进行情境设计前邀请某国内快捷连锁酒店、某国际五星级连锁酒店西南片区的多位中高层管理者及一线员工参与深度访谈，以期对酒店行业内典型服务失败类型进行初步探讨。

通过梳理和归纳采访材料，笔者发现，酒店客人抱怨的问题主要包括：房间问题（卫生问题、设备设施问题、噪音等）、服务问题（员工响应速度、员工态度问题等）、餐饮质量问题（食物、饮品质量与分量）、其他外部因素（顾客不合理要求被拒、天气、交通等），其中出现频率最高的服务失败类型为房间问题与酒店员工服务问题。进一步结合前期问卷调查中一线员工列举的关键事件描述，笔者最终设计出适用于实验研究的酒店服务失败情境。实验描述了一段客人向酒店前台员工抱怨房间马桶堵塞却迟迟得不到解决的情境。该情境的文字描述为："<u>请想象一下您是某星级酒店前台服务人员。此时临近傍晚，您正在值班。这时，一位酒店顾客向您走来，说起她入住酒店遇到的问题。该顾客抱怨道，她早上就向酒店反映过房间马桶堵塞问题，但酒店一直未安排人来处理。</u>"被试阅读完情境描述后，需要阅读顾客的抱怨内容和仔细观察顾客面部表情。从上述情境描述可以看到，该情境契合了访谈中酒店人员提到的最为普遍的房间问题和员工服务问题，因而可一定程度上确保实验的真实可信，提升被试参与度。

5.1.2 实验刺激

本书定义顾客愤怒的强度反映了员工对顾客愤怒程度的感知，主要可通过非言语线索来识别，包括面部表情、语音语调、肢体动作等。鉴于相关文献已一致证明愤怒属于人类六种基本情绪之一，在人际互动中情绪接受者可通过表达者的面部表情来准确识别（Ekman，1993），因此，本轮实验选择面部表情图片作为刺激材料来控制不同强度的顾客愤怒。心理学情绪研究领域现有多个表情图片数据库，包括 Nimstim 面部表情图片库、扩展版耶鲁面部图片数据库（Yale B）、卡洛林斯卡情绪面部图片数据库（KDEF）。其中 Nimstim 面部表情图片库图片最多，涉及人种最广，作为情绪刺激物的有效性也获得确认，目前已被广泛应用于各个研究领域（Widen，2013；Barrett & Kensinger，2010）。Nimstim 表情图片库由 Tottenham 等人（2009）建立，共含有 672 张面部情绪图片。该图片数据库由 43 位不同种族（包括非洲人、亚洲人、欧洲人、拉丁美洲人等）专业演员扮演生成，每人分别呈现快乐、悲伤、愤怒、恐惧、惊讶、恶心、中性、平静八组情绪表情，其中每组情绪又包括两张由同一人扮演的表情图片。其中，反映愤怒情绪的两张表情图片的主要差别为张嘴与闭嘴。已有研究证据表明，Nimstim图片库中愤怒情绪组内的两张照片在愤怒情绪强度上存在差异，张嘴能显著提高观察者对愤怒表情的强度评估（Wells et al.，2016）。

基于以上原因，本研究从Nimstim图片数据库中选取两张来自同一亚洲女性的愤怒表情图片作为实验刺激材料，以此反映不同强度的顾客愤怒，详见图5-1。如图5-1所示，左边图片中女性张嘴，代表高强度愤怒；右边图片中女性闭嘴，代表低强度愤怒。为了确保图片刺激在强度控制上的有效性，本研究在正式实验前招募了51名在校本科生参与前期测试，对强度刺激的差异进行检验。参与前期测试的本科生被随机分为两组，分别观察其中一张图片，并在观察图片后对图片中女性的愤怒强度进行评分。结果显示，两组参与者的强度评估存在显著差异，其中，$M_{高强度}=6.28$，$SD=0.52$，$M_{低强度}=5.89$，$SD=0.69$，$t（45）=2.284$，$p<0.05$，说明本次实验中的图片刺激在强度控制上是有效的。

 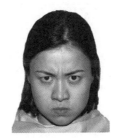

高强度顾客愤怒　　　　　低强度顾客愤怒

图5-1　实验一中顾客愤怒强度的图片刺激材料

5.1.3　被试样本

本次实验的被试样本为国内某快捷连锁酒店西南片区一线员工，笔者委托地区高管将实验问卷发放至各酒店门店，由员工匿名填写。共计152名酒店人员参与了本次实验，样本总体分布情况见表5-1。其中，男性58人（占比38.2%），女性94人（占比61.8%）；在年龄方面，参与者中25岁及以下为28人（占比18.4%），26~35岁为104人（占比68.4%），36~45岁为18人（占比11.9%），46岁以上2人（占比1.3%）；在工作年限方面，5年及以下者为84人（占比55.3%），6~10年者为45人（占比

29.6%），10 年以上者为 23 人（占比 15.1%）。被试员工被随机分配到高低顾客愤怒强度两个实验组。

表 5-1　实验一被试样本分布情况

基本特征	分类	样本数量/人	百分比/%
性别	男	58	38.2
	女	94	61.8
	总数	152	100
年龄	25 岁及以下	28	18.4
	26~35 岁	104	68.4
	36~45 岁	18	11.9
	46 岁及以上	2	1.3
	总数	152	100
工作年限	5 年及以下	84	55.3
	6~10 年	45	29.6
	10 年以上	23	15.1
	总数	152	100

5.1.4　实验过程

实验采用单因素（顾客愤怒的强度：高 vs 低）被试间实验设计，通过纸笔实验问卷形式进行。实验将参与者随机分配到不同组别中，被试在观看完同一亚洲女性不同愤怒强度表情的图片后，需要就相关问题进行作答。在实验开始前，被试将阅读以下引导语："您好！欢迎参与我们的实验！本次实验旨在了解商业服务场景中的人际互动，在实验中您将扮演某星级酒店前台服务人员，与顾客进行互动。整个实验过程大约需要 3 分钟，其中包含一张图片，请您务必在仔细观察该图片后再继续回答后续问题。我们保证此次实验完全匿名，请根据您的真实想法和内心感受放心作答。非常感谢您的合作！"

正式实验流程如下：①实验首先要求被试员工想象自己为某星级酒店前台人员，阅读一段关于顾客抱怨的服务失败情境文字，即上文描述的酒店员工迟迟未处理顾客房间马桶问题的情境。②随后，被试员工将在纸质版实验问卷的下一页看到一张女性顾客高强度愤怒或低强度愤怒的面部表情图片，不同实验组图片下方配有相同文字来描述该顾客的抱怨内容——"怎么搞的啊？我早上就反映了房间马桶堵塞问题，你们到现在都没安排人来修理！这是要我等到什么时候啊？我看你们一点都没有重视我的问题，效率怎么这么低啊！你们的服务真差啊！"③被试员工观看完图片材料后，需要根据真实感受对员工愤怒情绪和员工感知威胁量表打分。④接下来，实验要求被试员工回忆刚才看到的顾客面部表情图片和抱怨，完成顾客愤怒强度、员工相关度量表的作答。⑤之后，被试员工对实验情境的真实性和可信度进行评分。⑥最后，在被试员工填写完性别、年龄及工作年限后，实验结束。

5.1.5　量表设计及信效度

5.1.5.1　量表设计

研究工具沿用前期问卷调查量表，保留各题项关键词不变，仅根据实验情境对题项表述做小幅修改，测量采取 Likert 7 点量表。具体题项如下：

顾客愤怒的强度量表：要求参与者根据刚才看到的图片对顾客愤怒程度进行打分，共计 3 个题项，关键词分别为"生气的程度""恼怒的程度""气愤的程度"，1~7 的测量记分分别对应"非常轻微""轻微""比较轻微""一般""比较强烈""强烈""非常强烈"。

顾客愤怒的员工相关度量表：在本实验中，测量员工相关度是为了确认强度控制不会无意中引起该变量的变化，以免产生混淆。员工相关度量表共 6 个题项，关键词分别为该顾客情绪"与我紧密相关""对我非常重要""我非常关心""对我意义重大""我非常在意""对我来说事关重大"，1~7 的测量记分分别对应"完全不同意""不同意""比较不同意""中立""比较同意""同意""完全同意"。

员工愤怒情绪量表：要求参与者就顾客愤怒引起其自身愤怒情绪的程度进行评估，共计 3 个题项，关键词分别为"感觉很生气""感觉很不高兴""感觉很恼怒"，1~7 的测量记分分别对应"完全不符合""不符合""比较不符合""不确定""比较符合""符合""完全符合"。

员工感知威胁量表：要求参与者对顾客愤怒引起的威胁感知进行评估，共计 4 个题项，关键词为"具有一定威胁""很有可能向我的领导投诉""可能影响酒店名声""可能向其他人抱怨"，1~7 测量记分对应的规则与员工愤怒情绪量表一致（1 为"完全不符合"，7 为"完全符合"）。

真实性和可信度：McColl-Kennedy 和 Sparks（2003）指出，真实可信的实验情境与实验刺激可提高被试投入度，更容易让其接受实验角色设定。笔者参照 Gelbrich 等人（2015）的题项设计，运用两个题项分别测量实验情境的真实性和可信度，分别为"我认为上述情境非常真实""我相信类似事件是可能在真实生活中发生的"，同样采用 7 点量表，1 为"完全不同意"，7 为"完全同意"。

5.1.5.2 量表信效度

笔者使用 Cronbach's Alpha 值即内部一致性系数检测量表信度。结果显示，顾客愤怒的强度 Cronbach's Alpha 为 0.713，顾客愤怒的员工相关度 Cronbach's Alpha 为 0.827，员工愤怒情绪的 Cronbach's Alpha 为 0.935，员工感知威胁的 Cronbach's Alpha 为 0.781。以上结果表明，本实验中所有量表均具有良好信度。

由于测量均参考既有文献中的成熟量表，加上前期问卷调查已确认了研究量表的信效度，此番实验仅结合实验情境进行了细微改动，可推测量表仍旧具有良好的效度。此外，在实施实验前，笔者还组织了一名营销学教授、三名营销学博士对实验情境中的量表内容进行讨论，讨论一致认可量表能反映测量内容，因此可以保证实验量表具有可接受的内容效度，能够用于后续检验。

5.1.5.3 同源误差控制

本研究采用 Harman 单因子法检验实验数据是否存在同源误差。结果显示，一共解析出 4 个因子，其中解释力度最大的因子 1 方差贡献率为 28.7%，小于 50%，说明本轮实验中的同源误差问题不严重。

5.1.6 实验结果与讨论

5.1.6.1 真实性和可信度检验

参与者在实验情境真实性和可信度两个题项上的评分均大于中值 4，得分分别为 5.91、6.28，说明互动情境非常接近真实服务场景，也具有较高可信度，因此可以认为参与者很容易投入到实验角色中并做出合乎真实情境的反应。

5.1.6.2 顾客愤怒强度的控制性检验

为检验图片控制的有效性，笔者用独立样本 t 检验考察不同实验组在顾客愤怒强度量表上的得分差异。t 检验结果表明，强度的主效应显著，

t（150）= 3.571，p<0.001，其中 $M_{高强度}$ = 6.21，SD = 0.54，$M_{低强度}$ = 5.84，SD = 0.75，说明实验成功控制了顾客愤怒强度。为确保顾客愤怒强度并未引起员工相关度差异，笔者继续用独立样本 t 检验进行验证。t 检验结果表明，顾客愤怒强度的实验处理并未引起员工相关度的组间差异，因为不同顾客愤怒强度实验组对员工相关度变量的主效应不显著，t（150）= 0.485，p = 0.628，再次确认了顾客愤怒强度控制的有效性。

5.1.6.3 假设检验

笔者使用独立样本 t 检验分析顾客愤怒强度对员工心理反应的影响，结果如表 5-2 所示。员工愤怒情绪在顾客愤怒强度不同组别之间存在显著差异，t（150）= 2.012，p<0.05，其中 $M_{高强度}$ = 5.41，SD = 1.64，$M_{低强度}$ = 4.86，SD = 1.69，即顾客愤怒高强度组的员工愤怒情绪显著高于低强度组，假设 H3a 成立。员工感知威胁在顾客愤怒强度不同组别之间同样存在显著差异，t（150）= 2.762，p<0.01，其中 $M_{高强度}$ = 5.65，SD = 0.86，$M_{低强度}$ = 5.27，SD = 0.84，即顾客愤怒高强度组的员工感知威胁显著高于低强度组，假设 H3b 成立。

表 5-2　实验一中顾客愤怒的强度影响员工心理反应的假设检验结果

因变量	高顾客愤怒强度（n=76）		低顾客愤怒强度（n=76）		t 值	p
	M	SD	M	SD		
员工愤怒情绪	5.41	1.64	4.86	1.69	2.012	P<0.05
员工感知威胁	5.65	0.86	5.27	0.84	2.762	P<0.01

5.2　实验二：顾客愤怒的员工相关度对员工心理反应的影响研究

实验二沿用实验一的酒店服务互动情境，采用文字描述作为实验刺激材料，探讨顾客愤怒的员工相关度对员工愤怒情绪及员工感知威胁的影响。

5.2.1 实验刺激

顾客愤怒的员工相关度主要体现员工对顾客愤怒情绪内容的语义解

读，因此本次实验选择文字描述进行控制。现有文献表明，通过文字描述模拟情绪表达言语线索具有较高可行性与有效性（Cheshin et al., 2011；Glikson et al., 2019）。顾客愤怒的员工相关度反映了员工感知顾客愤怒情绪与其自身相关及自身所受影响的程度。Hillebrandt 和 Barclay（2017）在研究中发现，观察者对他人情绪的相关性判断和情绪归因具有密切联系。有鉴于此，实验计划通过控制抱怨内容中愤怒的顾客对服务失败的不同归因来启动员工相关度差异，随后再用该变量的测量量表做进一步的控制性检验，以此确认实验控制的有效性。

　　本次实验选择与实验一相同的情境，即顾客抱怨马桶堵塞却迟迟未得到修理的失败事件，通过将后续情境设定为互动员工是否为顾客首次反映问题的处理者来控制员工相关度。在高员工相关度组，情境描述为："您立马认出了这位顾客，想起来她早上向您反映过房间马桶堵塞问题，但您忘记处理了。"对应文字呈现的顾客愤怒内容为：<u>"怎么搞的啊？我早上就跟你反映了马桶的问题，你到现在都没安排人来修理。这是要我等到什么时候啊？我看你们一点都没重视我的问题，效率怎么这么低啊！你们的服务真差啊！"</u>在低员工相关度组，情境描述为："您了解到这位顾客早上向当时值班的同事反映了房间马桶堵塞问题，但您的同事忘记处理了。"对应文字呈现的顾客愤怒内容为：<u>"怎么搞的啊？我早上就跟你的同事反映了马桶的问题，他到现在都没安排人来修理。这是要我等到什么时候啊？我看你们一点都没有重视我的问题，效率怎么这么低啊！你们的服务真差啊！"</u>为了避免其他因素干扰，两个实验组中的文字材料除了员工指涉有细微差别外，其他表述完全一致。在正式实验前，笔者招募了 51 名在校本科生参与前期测试，验证员工相关度控制的有效性。参与测试的本科生被随机分配到不同实验组，分别阅读不同员工相关度水平的文字材料，随后对顾客愤怒的员工相关度量表打分。结果显示，两组被试学生在顾客愤怒的员工相关度评分上存在显著差异，其中 $M_{高相关度}$ = 6.03，SD = 0.71，$M_{低相关度}$ = 5.15，SD = 0.76，t（49）= 4.27，p<0.001，说明文字刺激在员工相关度控制上是有效的，可继续用于正式实验。

5.2.2　被试样本

　　笔者通过"问卷星"网络平台的样本服务采集实验数据，设定样本人群为酒店从业人员。来自"问卷星"网络平台的 128 名酒店员工参与本次实验，样本总体情况见表5-3。其中，男性37人（占比28.9%），女性91人（占比71.1%）；在年龄方面，25岁及以下为21人（占比16.4%），26~35岁为99人（占比77.4%），36~45岁为7人（占比5.5%），46岁以上1人（占比0.7%）；在工作年限方面，5年及以下者60人（占比46.9%），6~10年者54人（占比42.2%），10年以上者14人（占比10.9%）。被试被随机分配到顾客愤怒的不同员工相关度组。

表 5-3　实验二被试样本分布情况

基本特征	分类	样本数量/人	百分比/%
性别	男	37	28.9
	女	91	71.1
	总数	128	100
年龄	25 岁及以下	21	16.4
	26~35 岁	99	77.4
	36~45 岁	7	5.5
	46 岁及以上	1	0.7
	总数	128	100
工作年限	5 年及以下	60	46.9
	6~10 年	54	42.2
	10 年以上	14	10.9
	总数	128	100

5.2.3　实验过程

笔者采用单因素（顾客愤怒的员工相关度：高 vs 低）被试间实验设计，通过网络平台的在线实验问卷进行，被试员工被随机分配到不同实验组。在实验开始前，被试将阅读以下引导语："您好！欢迎参与我们的在线实验！本次实验旨在了解商业服务场景中的人际互动，在实验中您将扮演某星级酒店前台服务人员，与顾客进行互动。整个实验过程大约需要 3 分钟。我们保证此次实验完全匿名，请根据您的真实想法和内心感受放心作答。非常感谢您的合作！"

正式实验过程如下：①实验首先要求被试想象自己为某星级酒店前台

人员，然后向被试描述其值班时间内遇到的一个顾客抱怨服务失败情境。具体文字描述如下："请想象一下您是某星级酒店前台服务人员。此时临近傍晚，您正在值班。这时一位酒店顾客向您走来，说起她入住酒店遇到的问题。"②随后，不同实验组的被试分别阅读不同实验刺激对应的情境及文字描述。③被试阅读文字刺激材料后，需要根据真实感受在员工愤怒情绪和员工感知威胁量表上作答。④之后，实验要求被试回忆刚才的文字描述，完成顾客愤怒的强度、员工相关度量表的控制性检验问题填答。⑤此外，实验还要求被试对实验情境和实验控制的真实性和可信度进行评分。⑥最后，在被试填写完性别、年龄及工作年限后，实验结束。

5.2.4 量表设计及信效度

5.2.4.1 量表设计

本次实验的测量变量包括顾客愤怒的强度、顾客愤怒的员工相关度、员工愤怒情绪、员工感知威胁。实验包含顾客愤怒的强度量表的原因与实验一包含顾客愤怒的员工相关度量表的目的一致，即旨在确认员工相关度控制不会无意中引起不同组别感知强度的差异。实验中所有测量仍采用Likert 7点量表，其中顾客愤怒的员工相关度量表基于归因的实验控制做了修改，含有6个题项，其中三个题项突出了归因控制，分别为"我感觉该顾客的情绪跟我紧密相关""我感觉该顾客的情绪是我引起的""我应该对该顾客的情绪负责"，另外三个题项则沿用原量表，分别为"我非常关心该顾客的情绪""我非常在意该顾客的情绪""该顾客的情绪对我来说事关重大"。其余变量量表沿用实验一中的测量。

5.2.4.2 量表信效度

笔者使用Cronbach's Alpha值即内部一致性系数检测各量表信度。结果显示，顾客愤怒的员工相关度Cronbach's Alpha为0.755，探索性因子分析发现所有子题项的载荷系数都大于0.6，因此可认为改编后的量表具有可接受的信效度。与此同时，其余三个量表的Cronbach's Alpha值在0.814~0.908之间。总体来看，问卷量表具有较好信效度，可继续用于后续检验。

5.2.4.3 同源误差控制

笔者利用Harman单因子法对实验数据是否存在同源误差问题进行检测。结果显示，一共解析出5个因子，其中解释力度最大的因子1的方差贡献率为29.6%，小于50%，说明本次实验中的同源误差问题不严重。

5.2.5 实验结果与讨论

5.2.5.1 真实性和可信度检验

参与者在实验情境真实性和可信度两个题项上的评分均大于中值4,得分分别为6.37、6.27,说明参与者认为实验描述的互动情境非常接近真实服务场景,而且可信度评估得分较高,确保了参与者能比较容易地投入实验角色中,并做出合乎真实情境的反应。

5.2.5.2 顾客愤怒的员工相关度的控制性检验

为了检验员工相关度的文字控制效果,笔者选择独立样本 t 检验来考察两个组别在顾客愤怒的员工相关度量表上的得分差异。结果显示,实验处理对顾客愤怒的员工相关度影响显著,$t(126) = 8.63$,$p<0.001$,其中 $M_{高员工相关度}=6.02$,$SD=0.56$,$M_{低员工相关度}=5.04$,$SD=0.71$,说明实验成功控制了顾客愤怒的员工相关度。此外,为了确保员工相关度并未引起顾客愤怒强度的变化,笔者继续用独立样本 t 检验考察不同组别在顾客愤怒强度量表上的得分差异。t 检验结果不显著,$t(126) = 0.725$,$p=0.738$,表明实验处理并未引起被试在顾客愤怒强度上的感知程度差异,再次确认了员工相关度控制的有效性。

5.2.5.3 假设检验

笔者使用独立样本 t 检验分析顾客愤怒的员工相关度对员工心理反应的影响,结果如表5-4所示。员工感知威胁在不同组别之间存在显著差异,$t(126) = 2.902$,$p < 0.01$,其中 $M_{高员工相关度} = 4.52$,$SD = 1.25$,$M_{低员工相关度}=3.88$,$SD=1.26$,表明顾客愤怒的高员工相关度组的员工感知威胁得分显著高于低员工相关度组,假设 H4b 成立。然而,员工愤怒情绪在不同组别之间的差异不显著,$t(126) = 0.286$,$p=0.775$,$M_{高员工相关度} = 2.92$,$SD=1.36$,$M_{低员工相关度}=2.85$,$SD=1.30$,假设 H4a 未得到验证。

表5-4 实验二中顾客愤怒的员工相关度影响员工心理反应的假设检验结果

因变量	顾客愤怒的高员工相关度 (n=61)		顾客愤怒的低员工相关度 (n=67)		t 值	p
	M	SD	M	SD		
员工愤怒情绪	2.92	1.36	2.85	1.30	0.286	p=0.775
员工感知威胁	4.52	1.25	3.88	1.26	2.902	p<0.01

5.3 实验三：顾客愤怒的强度和员工相关度对员工心理 反应的交互影响

实验三的主要目的是检验对顾客愤怒的不同感知对员工心理反应的交互影响，并且对前期实验结果的稳健性进行再确认。实验采用 2 顾客愤怒的强度（高 vs 低）×2 顾客愤怒的员工相关度（高 vs 低）两因素被试间设计。此次实验背景仍然沿用前述酒店服务互动情境，不同的是将采用音频刺激方式对顾客愤怒的强度与员工相关度进行整合，构造不同组合的顾客愤怒，以验证二者的交互效应。

5.3.1 实验刺激

鉴于本次实验的重点为检验对顾客愤怒的不同感知的交互效应，因此需要设计出能同时包含两种愤怒感知的情绪刺激材料。实验二利用文字陈述模拟言语线索的方式成功控制了员工相关度。虽然已有研究表明文字刺激也可以导致情绪的强度差异，但总体而言，文字刺激的社会丰富度和情绪唤起度不及音频刺激或视频刺激，难以让被试全情投入（杜建刚、范秀成，2009）。有鉴于此，笔者决定录制音频作为本轮实验材料。已有研究发现，调整录音的语音语调可有效控制情绪强度（Cheshin et al., 2018），调整录音内容可表现情绪的信息差异（Walker et al., 2017）。具体而言，本实验创造性地将顾客愤怒强度和员工相关度整合到录音材料里，据此考察顾客愤怒不同组合的不同影响。其中，情绪强度差异通过音频中的音量、声调来表现，员工相关度则参照实验二的内容设置，通过录音者的不同口头语言表述来表现。

为制作高质量实验材料，笔者邀请一名专业电台主播参与音频录制。考虑到实验一选择女性模拟愤怒的顾客，为提高研究结论的普遍性，本次实验改为选择男性主播来模拟愤怒的顾客。在开始录制前，笔者参考现有文献中有关愤怒表达声音线索的特点（如提高嗓门、大喊大叫、攻击性语调等）对男主播进行培训（Dallimore et al., 2007；McColl-Kennedy et al., 2009）。经过与男主播的讨论，以及反复录制与录音比对，笔者最终从大量音频材料中挑选出四段最合适的录音作为刺激材料。具体而言，录音中体现顾客愤怒的员工相关度差异的音频内容与实验二中的文字表述一致，情绪强度差异则通过音量和音调来控制：低强度组的录音比较平和，音量正常，音调稍微有点高，略带怒气；高强度组的录音近似吼叫，音量更大，音调非常高，语气带有攻击性。为了排除其他干扰因素，四段录音在时长（19 秒）和其他内容上均保持一致。

在正式实验前，笔者招募了 85 名在校本科大学生对录音材料的启动效果进行前期测试。参与的本科生在想象自己为酒店前台服务人员角色后，随即听到其中一段录音，之后对录音中顾客愤怒的强度和员工相关度进行评分。结果显示，不同顾客愤怒强度组的本科生在顾客愤怒强度量表评分上具有显著差异，其中 $M_{高强度} = 5.79$，$SD = 0.94$，$M_{低强度} = 5.05$，$SD = 1.18$，$t(83) = 3.188$，$p<0.01$。不同员工相关度组在顾客愤怒的员工相关度量表评分上也具有显著差异，其中 $M_{高员工相关度} = 5.91$，$SD = 0.71$，$M_{低员工相关度} = 5.10$，$SD = 0.97$，$t(83) = 4.48$，$p<0.001$。以上结果验证了录音材料的有效性，可继续用于正式实验。

5.3.2 被试样本

笔者通过"问卷星"网络平台的样本服务采集实验数据，设定样本人群为酒店从业人员。来自"问卷星"网络平台的 140 名酒店人员参与了本次实验，样本总体情况见表 5-5。其中，男性 40 人（占比 28.6%），女性 100 人（占比 71.4%）；在年龄方面，参与者中 25 岁及以下为 23 人（占比 16.4%），26~35 岁为 107 人（占比 76.4%），36~45 岁为 10 人（占比 7.2%）；在工作年限方面，5 年及以下者为 66 人（占比 47.1%），6~10 年者为 58 人（占比 41.4%），10 年以上者为 16 人（占比 11.5%）。被试员工被随机分配到四个实验组。

表 5-5　实验三被试样本分布情况

基本特征	分类	样本数量/人	百分比/%
性别	男	40	28.6
	女	100	71.4
	总数	140	100

表5-5(续)

基本特征	分类	样本数量/人	百分比/%
年龄	25 岁及以下	23	16.4
	26~35 岁	107	76.4
	36~45 岁	10	7.2
	总数	140	100
工作年限	5 年及以下	66	47.1
	6~10 年	58	41.4
	10 年以上	16	11.5
	总数	140	100

5.3.3 实验过程

实验采用 2 顾客愤怒的强度（高 vs 低）×2 顾客愤怒的员工相关度（高 vs 低）两因素被试间设计，通过网络平台在线实验问卷进行，将参与的被试员工随机分配到不同实验组别。被试员工需要在阅读情境描述并收听音频刺激材料后回答相关问题。在实验开始前，被试将阅读以下引导语："您好！欢迎参与我们的在线实验！本次实验旨在了解商业服务场景中的人际互动，在实验中您将扮演某星级酒店前台服务人员，与顾客进行互动。整个实验过程大约需要 3 分钟，其中涉及一段时长约为 20 秒的音频，建议您提前备好耳机聆听。我们保证此次实验完全匿名，请根据您的真实想法和内心感受放心作答。非常感谢您的合作！"

正式实验流程如下：①实验首先要求被试想象自己为某星级酒店前台人员，然后阅读一段描述其值班时间内遇到的顾客抱怨服务失败的情境，具体文字描述为："请想象一下您是某星级酒店前台服务人员。此时临近傍晚，您正在值班。这时一位酒店顾客向您走来，说起她入住酒店遇到的问题。"②随后，不同实验组被试在点击"继续实验"标识后，实验跳转到音频播放界面，被试开始分别收听不同实验刺激对应的录音材料。为了尽量保证被试完整收听 19 秒的实验音频，笔者特别将该界面最短停留时间设置为 24 秒。换句话说，进入音频播放界面的 24 秒后，被试才能点击"下一步"继续作答。③被试收听完录音刺激材料并点击"下一步"后，需根据真实感受在员工愤怒情绪和员工感知威胁量表上作答。④之后，实验要求被试回忆刚才听到的录音，完成顾客愤怒的强度、员工相关度量表的控制性检验。⑤实验还要求被试员工对实验情境的真实性和可信度进行评分。⑥最后，在被试填写完性别、年龄及工作年限后，实验结束。

5.3.4　量表设计及信效度

本次实验量表包含顾客愤怒的强度、顾客愤怒的员工相关度、员工愤怒情绪、员工感知威胁，测量题项与实验二完全一致。内部一致性系数分析结果显示，各变量 Cronbach's Alpha 值在 0.799~0.914 之间，再次证明了实验量表的有效性。此外，Harman 单因子分析结果一共解析出 5 个因子，其中方差贡献率最大的因子解释度为 29.8%，小于 50%，说明同源误差问题不严重。

5.3.5　实验结果与讨论

5.3.5.1　真实性和可信度检验

被试在实验情境真实性和可信度题项上的评分均大于中值 4，得分分别为 6.36、6.21，说明被试评估实验互动情境和音频刺激具有很高的真实性和可信度，保证了参与者能比较容易地投入实验角色，并做出合乎真实情境的反应。

5.3.5.2　顾客愤怒特性的控制性检验

独立样本 t 检验结果显示，不同顾客愤怒强度组在顾客愤怒强度量表得分上存在显著差异，$t(138) = 6.030$，$p < 0.001$，其中 $M_{高强度} = 5.74$，$SD = 0.73$，$M_{低强度} = 4.60$，$SD = 1.41$；在顾客愤怒的员工相关度量表上并无明显差异，$t(138) = 0.952$，$p = 0.343$，其中 $M_{高强度} = 5.53$，$SD = 0.98$，$M_{低强度} = 5.39$，$SD = 0.77$，即顾客愤怒强度控制没有引起员工相关度的差异，说明顾客愤怒强度的实验控制是成功的。

独立样本 t 检验结果显示，不同员工相关度组在顾客愤怒的员工相关度量表上存在显著差异，$t(138) = 8.581$，$p < 0.001$，其中 $M_{高员工相关度} = 6.01$，$SD = 0.54$，$M_{低员工相关度} = 4.97$，$SD = 0.84$；在顾客愤怒强度量表上并无明显差异，$t(138) = 0.482$，$p = 0.631$，其中 $M_{高员工相关度} = 5.24$，$SD = 1.25$，$M_{低员工相关度} = 5.14$，$SD = 1.26$，即员工相关度控制没有引起顾客愤怒强度变化，说明员工相关度的实验控制是成功的。

综合以上结果，可以确认本次实验的音频材料成功控制了四种不同的顾客愤怒组合。

5.3.5.3 假设检验

笔者采用多因素方差分析再次验证顾客愤怒的强度与员工相关度对员工心理反应的影响，将性别、年龄、工作年限作为协变量进行控制，分别将参与者的员工愤怒情绪和员工感知威胁设为因变量，结果如表 5-6 所示。

当员工愤怒情绪作为因变量时，结果显示：第一，顾客愤怒强度的主效应显著，$F_{(1, 133)} = 7.780$，$p < 0.01$，其中 $M_{高强度} = 3.21$，$SD = 1.37$，$M_{低强度} = 2.56$，$SD = 1.30$，说明高顾客愤怒强度组的员工愤怒情绪显著高于低顾客愤怒强度组，再次证明了假设 H3a。第二，与实验二的结果一致，顾客愤怒的员工相关度的主效应依旧不显著，$F_{(1, 133)} = 0.009$，$p = 0.926$，假设 H4a 不成立。

当员工感知威胁作为因变量时，结果显示：第一，顾客愤怒强度的主效应显著，$F_{(1, 133)} = 5.189$，$p < 0.05$，其中 $M_{高强度} = 4.44$，$SD = 1.17$，$M_{低强度} = 3.96$，$SD = 1.33$，说明高顾客愤怒强度组被试员工感知威胁得分显著高于低顾客愤怒强度组，再次证明了假设 H3b。第二，顾客愤怒的员工相关度的主效应同样显著，$F_{(1, 133)} = 7.691$，$p < 0.01$，其中 $M_{高员工相关度} = 4.54$，$SD = 1.21$，$M_{低员工相关度} = 3.89$，$SD = 1.25$，说明高员工相关度组内被试员工感知威胁显著高于低员工相关度组，再次证明了假设 H4b。

表 5-6　实验三中顾客愤怒影响员工心理反应的假设检验结果

预测变量	员工愤怒情绪		员工感知威胁	
	F	Sig.	F	Sig.
性别	0.189	0.664	0.297	0.587
年龄	0.248	0.620	0.202	0.654
工作年限	1.407	0.238	0.200	0.656
顾客愤怒的强度	7.780	p<0.01	5.189	p<0.05
顾客愤怒的员工相关度	0.009	0.926	7.691	p<0.01

对顾客愤怒的不同感知对员工感知威胁的交互影响是本次实验检验的重点。顾客愤怒强度与员工相关度两两配对形成了顾客愤怒的四种组合。组合 1：高顾客愤怒强度—高员工相关度（"双高"）。组合 2：高顾客愤

怒强度—低员工相关度。组合3：低顾客愤怒强度—高员工相关度。组合4：低顾客愤怒强度—低员工相关度（"双低"）。基于此，研究构造出包含四个取值水平的新变量，命名为"顾客愤怒组合"，以此继续进行单因素分析，验证不同组合对员工感知威胁的不同影响。

结果显示，顾客愤怒组合的主效应显著，$F（3，136）= 5.350$，$p < 0.01$。不同组合多重比较结果如表5-7所示，面对高顾客愤怒强度—高员工相关度的"双高"顾客愤怒组合，员工感知威胁达到最大，均值显著高于其他三组。张文彤（2004）提出，组间均值比较的折线图可以直观展现各组样本在变量上的分布差异。四种组合在员工感知威胁变量上的均值差异如折线图5-3所示，进一步支持了假设H10。

表5-7　实验三中顾客愤怒不同组合对员工感知威胁的多重比较结果

因变量：员工感知威胁		均值差（I-J）	标准误	显著性
高顾客愤怒强度—高员工相关度	高顾客愤怒强度-低员工相关度	0.763 89	0.286 31	$p < 0.01$
	低顾客愤怒强度—高员工相关度	0.650 00	0.300 28	$p < 0.05$
	低顾客愤怒强度—低员工相关度	1.109 65	0.282 51	$p < 0.001$
高顾客愤怒强度—低员工相关度	高顾客愤怒强度—高员工相关度	-0.763 89	0.286 31	$p < 0.01$
	低顾客愤怒强度—高员工相关度	-0.113 89	0.300 28	0.705
	低顾客愤怒强度—低员工相关度	0.345 76	0.282 51	0.223
低顾客愤怒强度—高员工相关度	高顾客愤怒强度—高员工相关度	-0.650 00	0.300 28	$p < 0.05$
	高顾客愤怒强度—低员工相关度	0.113 89	0.300 28	0.705
	低顾客愤怒强度—低员工相关度	0.459 65	0.296 67	0.124
低顾客愤怒强度—低员工相关度	高顾客愤怒强度—高员工相关度	-1.109 65	0.282 51	$p < 0.001$
	高顾客愤怒强度—低员工相关度	-0.345 76	0.282 51	0.223
	低顾客愤怒强度—高员工相关度	-0.459 65	0.296 67	0.124

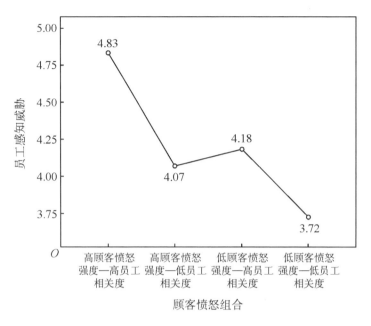

图 5-3　实验三中顾客愤怒不同组合间的员工感知威胁差异

5.4　实验四：顾客愤怒对服务补救行为的影响机制研究

上述三个实验对顾客愤怒与员工心理反应的关系进行了验证，实验四的目的是验证研究模型的主体部分，即顾客愤怒对服务补救行为的影响以及员工情感与认知反应在其中的中介作用。本研究已在问卷调查部分验证了服务氛围的调节效应，考虑到服务氛围是组织内长期实践形成的、为员工所感知的组织环境变量，在实验中临时启动的可行性较差，因此本研究不打算在实验中再次确认该调节效应。

为了考察顾客愤怒对服务补救行为的影响过程，实验四采用顾客愤怒的强度 2（高 vs 低）×2 顾客愤怒的员工相关度（高 vs 低）两因素被试间设计。整个实验通过在线方式完成，沿用之前的酒店业服务互动情境，实验依旧选择音频刺激材料，因变量的服务补救行为包含核心服务补救行为（包括迅速解决问题、礼貌对待顾客两个维度）以及经济补偿。

5.4.1 被试样本

笔者通过"问卷星"网络平台的样本服务采集实验数据,样本人群为未参与前期实验的酒店从业人员。经过两周数据采集,共获得 235 名酒店员工的实验问卷,样本总体情况见表 5-8。其中,男性 67 人(占比 28.5%),女性 168 人(占比 71.5%);在年龄方面,参与者中 25 岁及以下为 31 人(占比 13.2%),26~35 岁为 180 人(占比 76.6%),36~45 岁为 21 人(占比 8.9%),46 岁以上 3 人(占比 1.3%);在工作年限方面,5 年及以下者为 106 人(占比 45.1%),6~10 年者为 99 人(占比 42.1%),10 年以上者为 30 人(占比 12.8%)。被试员工被随机分配到四个实验组内。

表 5-8 实验四被试样本分布情况

基本特征	分类	样本数量/人	百分比/%
	男	67	28.5
性别	女	168	71.5
	总数	235	100
	25 岁及以下	31	13.2
	26~35 岁	180	76.6
年龄	36~45 岁	21	8.9
	46 岁及以上	3	1.3
	总数	235	100
	5 年及以下	106	45.1
工作年限	6~10 年	99	42.1
	10 年以上	30	12.8
	总数	235	100

5.4.2 实验过程

实验采用 2 顾客愤怒的强度(高 vs 低)×2 顾客愤怒的员工相关度(高 vs 低)两因素被试间设计,通过网络平台的实验问卷进行,参与员工被随机分配到不同实验组。被试在阅读情境描述、收听音频刺激材料后回答相关问题。本次实验过程与实验三基本一致,唯一的区别为被试收听完音频材料后需要回答服务补救意愿的相关问题,包括核心服务补救行为与经济补偿。

5.4.3 量表设计及信效度

5.4.3.1 量表设计

本次实验旨在对研究模型的主体框架部分进行验证，因此包含除服务氛围之外的所有变量，具体有顾客愤怒的强度、顾客愤怒的员工相关度、员工愤怒情绪、员工感知威胁、服务补救行为（核心服务补救行为与经济补偿）。

前期实验已经验证了前面四个变量测量的有效性，只有服务补救行为是首次出现在本次实验中，因而有必要确保其测量在情境实验中的适用性。笔者在正式实验前分别与某国内快捷连锁酒店西南片区高管及该酒店两名前台员工、某国际五星级连锁酒店西南片区中层管理者及该酒店两名前台员工进行深度访谈，邀请他们根据实验情境对核心服务补救行为量表进行评估。基于他们的建议和反馈，笔者在保留核心服务补救行为量表关键词的基础上对各问题题项进行了适当修改。详见表5-9。

表5-9 实验四中服务补救行为测量题项

变量名称	题项
核心服务补救行为	
及时解决问题	我会尽力确保该顾客房间的马桶问题得到解决
	我想要尽最大努力联系工程部尽快过来维修
礼貌对待顾客	我保证会妥善处理她投诉的问题
	我会恭敬地对待该顾客
	我会礼貌地对待该顾客
经济补偿	作为与顾客直接互动的前台人员，酒店授权您可以自主选择给那些入住体验不佳的客人一些补偿。以下是您可以运用的补偿条目，每一项都对应了一个具体金额。根据酒店的规定，您所在职位对应的补偿限额是150元：您有权决定是否给予客人额外补偿，金额最大不超过150元。请回答您愿意选择以下哪个项目来补偿该顾客？ A. 不愿意给予任何额外补偿（0元） B. 水果拼盘券（35元） C. 咖啡厅饮品券（50元） D. 露台酒廊畅饮券（70元） E. 早餐自助券（78元） F. 午餐自助券（108元） G. 晚餐自助券（148元）

此外，在访谈中，两家酒店的管理人员和前台员工均表示，在酒店服务补救实践中，一线员工除了进行基础性核心服务补救外，还被授权可灵活利用经济补偿方式作为补充补救措施来挽回不满意的顾客，其形式包括赠送酒店餐饮优惠券、抵扣部分房费等，其中又以赠送餐饮优惠券的形式最为常见。因此，笔者设计了一个题项测量经济补偿，进一步衡量补偿水平。题目为："作为与顾客直接互动的前台人员，酒店授权您可以自主选择给那些入住体验不佳的客人一些补偿。以下是您可以运用的补偿条目，每一项都对应了一个具体金额。根据酒店的规定，您所在职位对应的补偿限额是 150 元：您有权决定是否给予客人额外补偿，金额最大不超过 150元。请回答您愿意选择以下哪个项目来补偿该顾客？"考虑到实验情境设定场所为四星级酒店，笔者选择某国际知名连锁四星级酒店的餐饮价格作为标准来设置选择题项，详见表 5-9。

5.4.3.2 量表信效度

数据结果显示，二阶变量核心服务补救行为的 Cronbach's Alpha 值为0.661，其他变量的 Cronbach's Alpha 值也在 0.831~0.892 之间，说明量表具有较好的信效度。

5.4.3.3 同源误差控制

本研究采用 Harman 单因子法来检验同源误差问题。结果显示，一共解析出 6 个因子，其中解释力度最大的因子方差贡献率为 22.1%，小于50%，说明实验中同源误差问题不严重。

5.4.4 实验结果与讨论

5.4.4.1 真实性和可信度检验

结果显示被试在实验情境真实性和可信度两个题项上的评分均大于中值 4，得分分别为 6.29、6.36，说明本实验描述的互动情境和音频刺激对被试而言真实可信，保证了被试能比较容易投入实验角色中，并做出合乎真实情境的反应。

5.4.4.2 顾客愤怒的控制性检验

独立样本 t 检验结果显示，不同顾客愤怒强度组别在顾客愤怒强度量表得分上存在显著差异，$t(138) = 6.593$，$p<0.001$，其中 $M_{高强度} = 5.74$，$SD = 0.79$，$M_{低强度} = 4.84$，$SD = 1.28$；在顾客愤怒的员工相关度量表上并无明显差异，$t(138) = -0.406$，$p = 0.233$，其中 $M_{高强度} = 5.38$，$SD = 1.15$，

$M_{低强度}$=5.44，SD=0.80，说明顾客愤怒强度控制没有引起员工相关度的差异。

独立样本 t 检验结果显示，不同员工相关度组别在顾客愤怒的员工相关度量表上存在显著差异，t（138）= 10.405，p<0.001，其中 $M_{高员工相关度}$=6.05，SD=0.53，$M_{低员工相关度}$=4.92，SD=0.99；在顾客愤怒强度量表上并无明显差异，t（138）= −0.225，p=0.822，其中 $M_{高员工相关度}$=5.28，SD=1.16，$M_{低员工相关度}$=5.32，SD=1.14，说明员工相关度控制没有引起顾客愤怒强度差异。

综合上述结果，可以确认本次实验中的音频刺激在自变量控制上是成功的。

5.4.4.3 假设检验

（1）顾客愤怒对服务补救行为的影响

研究采用多因素方差分析方法，分别检验顾客愤怒对服务补救行为（核心服务补救行为和经济补偿）、员工两种心理反应的影响，同时将性别、年龄、工作年限作为协变量进行控制。

当核心服务补救行为作为因变量时，结果显示：顾客愤怒强度的主效应不显著，F（1，228）= 1.162，p=0.282，顾客愤怒的员工相关度的主效应也不显著，F（1，228）= 2.028，p=0.156，二者的交互效应仍然不显著，F（1，228）= 0.081，p=776。

当经济补偿作为因变量时，结果如表 5-10 所示：第一，顾客愤怒强度的主效应显著，F（1，228）= 5.474，p<0.05，其中 $M_{高强度}$=89.60，SD=38.19，$M_{低强度}$=78.17，SD=36.11，说明高顾客愤怒强度组被试员工选择分配给愤怒的顾客的经济补偿数额显著高于低顾客愤怒强度组。第二，顾客愤怒的员工相关度的主效应显著，F（1，228）= 5.839，p<0.05，其中 $M_{高员工相关度}$=90.73，SD=39.19，$M_{低员工相关度}$=77.92，SD=35.43，说明高员工相关度组被试员工分配给愤怒的顾客的经济补偿数额显著高于低员工相关度组。第三，二者交互效应不显著，F（1，228）= 2.285，p=0.132。可见，假设 H1、假设 H2 仅在服务补救行为是经济补偿时成立。

表 5-10　实验四中顾客愤怒影响服务补救（经济补偿）的假设检验结果

预测变量	经济补偿	
	F	Sig.
性别	0.020	0.888
年龄	0.474	0.492
工作年限	0.011	0.915
顾客愤怒的强度	5.474	p<0.05
顾客愤怒的员工相关度	5.839	p<0.05
强度×员工相关度	2.285	0.132

为了验证两个顾客愤怒感知对服务补救行为的交互影响，笔者构造出四种顾客愤怒组合，以经济补偿为因变量，进行单因素方差分析和多重比较。单因素方差分析结果显示，不同组合对经济补偿的主效应显著，$F_{(3, 231)} = 4.891$，$p<0.01$，进一步的多种比较结果如表 5-11 所示，高顾客愤怒强度—高员工相关度顾客愤怒（"双高"）组中员工的经济补偿数额显著大于其他三组。不同组合在经济补偿指标上的差异可见均值折线图 5-4，也显示出"双高"顾客愤怒组合在经济补偿上的取值显著大于其他三组。综合上述结果，假设 H9 成立。

表 5-11　顾客愤怒不同组合对服务补救（经济补偿）的多重比较结果

因变量：服务补救（经济补偿）		均值差（I-J）	标准误	显著性
高顾客愤怒强度—高员工相关度	高顾客愤怒强度—低员工相关度	19.412 64**	6.685 15	p<0.01
	低顾客愤怒强度—高员工相关度	19.535 71**	7.296 19	p<0.01
	低顾客愤怒强度—低员工相关度	23.726 89***	6.616 55	p<0.001
高顾客愤怒强度—低员工相关度	高顾客愤怒强度—高员工相关度	−19.412 64**	6.685 15	p<0.01
	低顾客愤怒强度—高员工相关度	0.123 08	7.064 72	0.986
	低顾客愤怒强度—低员工相关度	4.314 25	6.360 39	0.498

表5-11(续)

因变量：服务补救（经济补偿）		均值差（I-J）	标准误	显著性
低顾客愤怒强度—高员工相关度	高顾客愤怒强度—高员工相关度	**−19.535 71****	7.296 19	p<0.01
	高顾客愤怒强度—低员工相关度	−0.123 08	7.064 72	0.986
	低顾客愤怒强度—低员工相关度	4.191 18	6.999 84	0.550
低顾客愤怒强度—低员工相关度	高顾客愤怒强度—高员工相关度	**−23.726 89*****	6.616 55	p<0.001
	高顾客愤怒强度—低员工相关度	−4.314 25	6.360 39	0.498
	低顾客愤怒强度—高员工相关度	−4.191 18	6.999 84	0.550

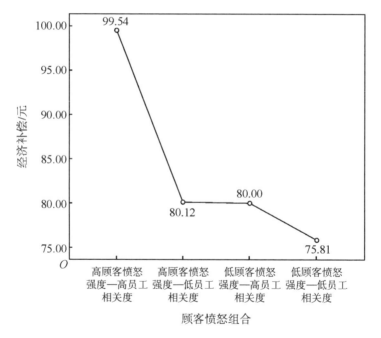

图5-4　实验四中顾客愤怒不同组合的服务补救（经济补偿）差异

（2）顾客愤怒对员工心理反应的影响

当员工愤怒情绪作为因变量时，结果如表5-12所示：第一，顾客愤怒强度的主效应显著，$F_{(1, 228)} = 4.615$，$p<0.05$，其中 $M_{高强度} = 3.05$，

SD = 1. 45，$M_{低强度}$ = 2. 68，SD = 1. 37，说明高顾客愤怒强度组的员工愤怒情绪显著高于低顾客愤怒强度组，证明了假设 H2a。第二，顾客愤怒的员工相关度的主效应仍然不显著，F（1，228）= 0. 617，p = 0. 433，假设 H3a 未能验证。

当员工感知威胁作为因变量时，结果如表 5-12 所示：第一，顾客愤怒强度的主效应显著，F（1，228）= 4. 297，p<0. 05，其中 $M_{高强度}$ = 4. 13，SD = 1. 34，$M_{低强度}$ = 3. 74，SD = 1. 39，说明高顾客愤怒强度组的员工感知威胁显著高于低顾客愤怒强度组，假设 H2b 成立。第二，顾客愤怒的员工相关度的主效应显著，F（1，228）= 6. 126，p<0. 05，其中 $M_{高员工相关度}$ = 4. 21，SD = 1. 41，$M_{低员工相关度}$ = 3. 74，SD = 1. 31，说明高员工相关度组的员工感知威胁显著高于低员工相关度组，假设 H3b 成立。

表 5-12　实验四中顾客愤怒影响员工心理反应的假设检验结果

预测变量	员工愤怒情绪		员工感知威胁	
	F	Sig.	F	Sig.
性别	0. 232	0. 630	0. 000	0. 984
年龄	0. 231	0. 631	0. 226	0. 635
工作年限	1. 274	0. 260	0. 256	0. 613
顾客愤怒的强度	4. 615	0. 033	4. 297	0. 039
顾客愤怒的员工相关度	0. 617	0. 433	6. 126	0. 014

笔者继续进行顾客愤怒四种组合对员工感知威胁影响的单因素方差分析及多重组间比较。分析结果表明，顾客愤怒组合的主效应显著，F（3，231）= 4. 278，p<0. 01，多重组间比较结果如表 5-13 所示，高顾客愤怒强度—高员工相关度的"双高"顾客愤怒组合导致最大的员工感知威胁，其均值显著高于其他三种组合。如图 5-5 所示，直观的均值折线图也印证了上述结果，故假设 H10 成立。

表 5-13 顾客愤怒不同组合对员工感知威胁的多重比较结果

因变量：员工感知威胁		均值差（I-J）	标准误	显著性
高顾客愤怒 强度—高员工 相关度	高顾客愤怒 强度—低员工相关度	**0.663 53****	0.245 40	p<0.01
	低顾客愤怒 强度—高员工相关度	**0.617 04***	0.267 83	p<0.05
	低顾客愤怒 强度—低员工相关度	**0.828 52*****	0.242 88	p<0.01
高顾客愤怒 强度—低员工 相关度	高顾客愤怒 强度—高员工相关度	**−0.663 53****	0.245 40	p<0.01
	低顾客愤怒 强度—高员工相关度	−0.046 49	0.259 33	0.858
	低顾客愤怒 强度—低员工相关度	0.164 99	0.233 48	0.480
低顾客愤怒 强度—高员工 相关度	高顾客愤怒 强度—高员工相关度	**−0.617 04***	0.267 83	p<0.05
	高顾客愤怒 强度—低员工相关度	0.046 49	0.259 33	0.858
	低顾客愤怒 强度—低员工相关度	0.211 48	0.256 95	0.411
低顾客愤怒 强度—低员工 相关度	高顾客愤怒 强度—高员工相关度	**−0.828 52*****	0.242 88	p<0.001
	高顾客愤怒 强度—低员工相关度	−0.164 99	0.233 48	0.480
	低顾客愤怒 强度—高员工相关度	−0.211 48	0.256 95	0.411

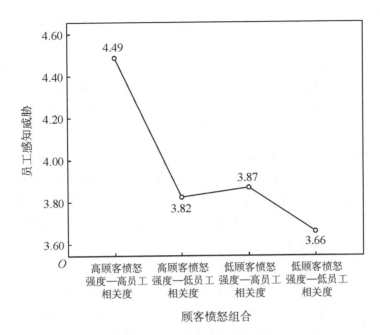

图 5-5　实验四中顾客愤怒不同组合的员工感知威胁差异

（3）中介效应检验

上述结果表明，只有当经济补偿作为因变量时，顾客愤怒的主效应才显著，因此笔者选择经济补偿作为结果变量，继续进行中介作用分析。笔者采取 Bootstrap 法对员工愤怒情绪与员工感知威胁的中介效用进行检验。笔者选择 Process 插件程序中的模型 4（Model 4），重复抽样 5 000 次，置信区间选择 90% 偏差校正。数据结果见表 5-14。

表 5-14　中介效应的 Bootstrap 分析结果

路径	间接效应	标准误差	置信区间
顾客愤怒强度→员工愤怒情绪→经济补偿	1.030	0.744	$[-2.431\ 7,\ -0.024\ 2]$
顾客愤怒强度→员工感知威胁→经济补偿	1.118	0.860	$[0.000\ 3,\ 2.725\ 6]$
员工相关度→员工愤怒情绪→经济补偿	0.263	0.502	$[-0.391\ 1,\ 1.222\ 5]$
员工相关度→员工感知威胁→经济补偿	2.324	1.368	$[0.223\ 0,\ 4.687\ 1]$
顾客愤怒组合→员工感知威胁→经济补偿	1.927	1.246	$[0.035\ 2,\ 4.102\ 4]$

具体分析如下：

当顾客愤怒强度作为自变量时，员工愤怒情绪中介了顾客愤怒强度对员工经济补偿的影响，间接效应为 1.030，置信区间为［−2.431 7，−0.024 2］不包含 0，中介效应显著，支持了假设 H7a。员工感知威胁也中介了顾客愤怒强度对员工经济补偿行为的影响，间接效应为 1.118，置信区间为［0.000 3，2.725 6］不包含 0，中介效应显著，支持了假设 H7b。

当顾客愤怒的员工相关度作为自变量时，员工愤怒情绪在员工相关度影响员工经济补偿关系中的中介作用不显著，置信区间为［−0.391 1，1.222 5］包含 0，未能支持假设 H8a。员工感知威胁中介了员工相关度对员工经济补偿的影响，间接效应为 2.324，置信区间为［0.223 0，4.687 1］不包含 0，中介效应显著，支持了假设 H8b。

为检验员工感知威胁在对顾客愤怒的不同感知及其交互影响经济补偿过程中的中介作用，笔者重新构建新变量，其中高顾客愤怒强度—高员工相关度的"双高"顾客愤怒组合取值 1，其他顾客愤怒组合取值 0，将其作为自变量放入 Process 程序做中介效应分析。结果显示，员工感知威胁中介了顾客愤怒组合（高顾客愤怒强度—高员工相关度顾客愤怒 vs 其他顾客愤怒）对经济补偿的影响，间接效应为 1.927，置信区间［0.025 2，4.102 4］不包含 0，中介效应显著，支持了假设 H11。

5.5 实验结果讨论

本章为研究的情境实验部分，包含四个情境实验，分别采取表情图片、文字描述以及音频三种不同控制手段来启动顾客愤怒，得到了关于顾客愤怒人际影响效应的稳健结论，并进一步对模型主体部分的假设关系进行了因果验证。具体实证结果讨论如下：

实验一、实验二分别利用面部表情图片和文字刺激材料验证了顾客愤怒的强度及员工相关度对员工心理反应的影响。结果表明：顾客愤怒的高强度比低强度导致员工在情感上体验到更多的愤怒情绪、在认知上推断出更多的感知威胁，假设 H3a、H3b 成立。顾客愤怒的高员工相关度比低员工相关度也更能促进员工感知威胁，假设 H4b 成立，然而高员工相关度与员工愤怒情绪的负向关系不显著，即假设 H4a 未能在实验中得到支持。实验三采用音频刺激整合顾客愤怒的强度及员工相关度，再次确认了以上结论，并进一步验证了两种感知对员工感知威胁的交互影响，结果显示高顾客愤怒强度—高员工相关度的"双高"顾客愤怒组合能带来最大的员工感知威胁，证明了假设 H10。至于员工相关度对员工愤怒情绪的消极影响在问卷调查中得证，但未能在实验中得到显著结果这一点，笔者推测可能的原因如下：问卷调查基于真实的、面对面的服务互动，因此顾客愤怒对员工情绪的唤起度较高，比较容易观测到该抑制作用。相比较而言，虚拟情境实验利用文字及音频来控制员工相关度存在情绪表达的社会丰富性较差的天然局限，导致即使实验情境及控制在被试看来真实可信，也仅能引起较低水平的员工愤怒情绪。两种方法的数据结果对比进一步支持了上述差异：问卷调查中员工愤怒情绪变量均值为 3.52，但在多个实验中该变量得分均低于 3。这可能导致实验研究的数据难以达到"差别阈限"，致使员工相关度发挥抑制效果的作用空间被进一步压缩，结果自然不显著。

实验四综合检验了本研究理论模型的主体部分，即顾客愤怒对员工服务补救行为的影响过程，证明了顾客愤怒强度、员工相关度和服务补救行为中经济补偿指标之间的显著正向关系，以及员工愤怒情绪与员工感知威胁在其中的中介作用，假设 H1、H2、H7a、H7b、H8b 成立。此外，高顾客愤怒强度—高员工相关度的"双高"顾客愤怒组合（相比于其他三种组合）能带来更好的服务补救（经济补偿）及更大水平的员工感知威胁，而且员工感知威胁在不同愤怒组合与服务补救（经济补偿）关系之间的中介作用也得到支持，即假设 H9、H10、H11 成立。实验四同时检验了核心服务补救（包括迅速解决问题和礼貌对待顾客）和经济补偿两个服务补救行为指标，其中核心服务补救行为作为结果变量时，相应的假设不成立，这与问卷调查的检验结果有出入。可能的原因有两点：其一，问卷调查考察员工在真实服务场景中实际做出的行为，实验研究是在虚拟情境中探索被试员工可能做出的补救反应，可能出现被试有意汇报更高核心服务补救行为意愿的需求效应（陈晓萍 等，2012）；其二，问卷调查横跨旅游接待业，涉及多种类型服务企业，故员工核心服务补救行为的系统测量变差较大。实验法的情境设置为酒店房间设备问题，属于酒店企业的核心服务失败，迅速解决问题和礼貌对待顾客的核心服务补救可能已是员工服务工作的基本底线，因此形成天花板效应，难以观测到组间差异。当引入员工选择自主权更大的经济补偿作为服务补救指标时，预期结果得到印证，这也恰好支持了上述解释。

5.6 本章小结

　　本章为研究的情境实验部分。笔者采用情境实验法，对顾客愤怒进行严格控制，确认了顾客愤怒影响一线员工愤怒情绪和员工感知威胁以及服务补救行为的因果推断，并进一步检验了顾客愤怒强度及员工相关度的交互效应。本章包含四个情境实验：实验一、实验二、实验三分别采用表情图片、文字描述、音频刺激方式对顾客愤怒进行控制，验证了对顾客愤怒的不同感知及不同感知构成的四种顾客愤怒组合对员工心理反应的不同影响。实验四沿用实验三的音频刺激材料，分析了顾客愤怒与服务补救行为之间的关系，以及员工情感和认知的中介作用。上一章基于员工的服务接触事件回忆开展问卷调查，本章运用情境实验来严格控制实验过程，对顾客愤怒进行主动控制，保证了变量之间因果关系和研究内部效度，再次确认了研究结论的稳健性。

6 研究结论、研究创新、管理启示、研究的局限与未来展望

本研究探讨了服务接触中顾客愤怒对一线员工服务补救行为的影响过程，着重关注员工情感与认知两种心理反应在其中的中介作用。本章主要基于实证检验结果对研究结论进行讨论，进一步提出研究创新以及管理启示，最后说明研究的局限性以及对未来有研究价值的方向进行展望。

6.1 研究结论

在服务接触中，顾客与一线员工互动密切，双方情绪会在场域内频繁交换，影响后续服务互动。管理者要求服务员工时刻展示积极情绪来正面感染顾客，发生服务失败时又期待员工对顾客负面情绪"免疫"，一如既往地提供优质服务。需要看到，这种不对称要求对一线员工来说无疑是困难的，因为员工的即时反应会受到顾客消极情绪的负面影响，最终作用于服务质量。新兴研究已经开始关注这个一度被学界忽视的反向过程。相关结论显示，顾客愤怒情绪对服务人员的影响并不一定仅呈现负面效果，有时也存在积极影响。研究者和管理者应充分重视这个过程，尝试透彻理解员工的服务应对模式，以便更好地激发其建设性补救行为。

有鉴于此，本研究以服务失败及补救为研究背景，基于员工的顾客愤怒感知，系统探讨了顾客愤怒对一线员工即时服务反应的影响及中介机制，并且进一步解析服务氛围作为组织情境特征的调节作用。本研究通过问卷调查法和情境实验法两种方法对理论模型及假设关系进行验证，得出以下结论：

（1）**基于情绪接受者的员工感知角度，顾客愤怒可划分为强度和员工**

相关度，二者对员工即时情感、认知及服务补救行为的影响存在差异。在服务失败及补救中顾客表达愤怒，本质上是一种情感性的人际冲突，应依据情绪接受者对情绪的主观感知来探究其后续反应，此举更能凸显情绪表达的社会属性。本研究基于 Weingart 等人（2015）对冲突表达的理论建构，基于互动员工从情绪程度和内容两方面来解构顾客愤怒的基础假定，分别提炼出顾客愤怒的强度和员工相关度。研究发现，在服务失败及补救过程中，员工对顾客愤怒的不同感知与员工情感、认知及服务行为等一系列即时反应之间的影响关系存在差异。

顾客愤怒的强度指员工感知顾客对外表现愤怒情绪的程度。研究结论显示，顾客愤怒强度会导致员工消极情感反应，引发员工愤怒情绪，同时也会激活员工认知处理，促进员工识别顾客强烈情绪背后的攻击与报复动机，由此员工体验到更强的紧迫感，增加了员工感知威胁。员工愤怒情绪、员工感知威胁这两种心理反应进一步影响服务行为，其中前者阻碍服务补救，后者促进服务补救。在顾客愤怒强度影响服务补救行为的过程中，上述两个过程存在相互抵消，又由于认知反应的促进作用大于情感反应的抑制作用，顾客愤怒强度对服务补救行为的影响最终呈现为正效应。顾客愤怒的强度对员工即时情感、认知影响的差异在一定程度上澄清了现有顾客愤怒人际效应的不一致结论。此外，上述结果还可以侧面呼应其他研究领域得出的愤怒的非线性影响结论。比如，谈判研究者 Adam 和 Brett（2018）基于谈判互动，提出愤怒的强度与对手报价之间呈倒 U 形关系；组织行为学者 Geddes 和 Callister（2007）基于组织内的人际互动，发展出愤怒情绪表达的双阈值理论，也指出中等强度的愤怒对组织内人际互动最为有益。本研究发现，愤怒的强度可以同时引起情感和认知反应，两者对情绪接受者最终行为的影响方向相左，因此该结论也可以为非线性关系的背后机理提供理论支撑。

本研究提出员工对顾客愤怒的另一个感知为员工相关度，反映了员工从情绪内容方面感知出顾客愤怒情绪与自身相关联，以及自身所受影响的程度。以往的文献暗示服务失败中的顾客消极情绪在指向与归因上存在差异（Tao et al., 2016），但鲜有研究直接验证员工主观评估顾客愤怒情绪与其自身的关系对他们即时情感、认知及行为的影响。Hillebrandt 和 Barclay（2017）的研究可能是个例外，他们依据客户愤怒和快乐情绪与当前服务谈判的密切关联程度，将客户表达的情绪分为即时情绪、偶然情绪、模糊情绪，并进一步比较了谈判员工观察到这三种类型情绪表达时的服务报价差异。尽管该文章以服务谈判为研究情境，但并没有突出顾客导向特性，归根结底仍应算是谈判研究，未对服务互动中顾客与员工间情绪人际影响的理论研究做出增益贡献。受过往文献启发，本研究基于员工对顾客愤怒的语义信息感知，从顾客愤怒内容方面解析出员工相关度，并在服务失败及补救中探究了顾客愤怒的员工相关度对补救行为的影响，充分体现出服务消费的特殊性。实证结果显示，员工相关度为员工理解顾客愤怒提供了关键信息，有助于启动员工对顾客愤怒的高级认知加工，进而抑制员工无意识或前意识生成消极情绪，同时也有助于员工理性思考顾客愤怒与自身利益的联系，增加其感知威胁。情感与认知对员工服务行为的双重促进作用最终导向员工相关度提升服务补救的结论。

此外，**本研究结论还进一步揭示出感知顾客愤怒的程度和内容存在交互影响，相较于其他组合，高顾客愤怒强度—高员工相关度的"双高"顾客愤怒组合可带来最大的员工感知威胁与最优的服务补救行为。**该结论说明，停留于员工的单个感知去分析顾客愤怒的人际影响仍然无法完整展现服务互动过程的全貌，还需深入分析对顾客愤怒不同感知的交互影响，因为员工会结合程度和内容这两个方面去同步解构顾客愤怒情绪。Weingart等人（2015）基于对抗强度和相关度两个特性构建四种冲突表达组合，并对它们的人际影响的差异提出命题。本研究对顾客愤怒强度和员工相关度交互效应的实证检验呼应了Weingart等人的理论推演，有益于从员工单个情绪感知层面及整体情绪感知层面同步出发来探究顾客愤怒的人际效应。

本研究实证部分包含问卷调查和情境实验两种方法，联合验证了理论模型的绝大多数假设，但是有两点结论在不同方法上存在出入。第一，顾客愤怒的员工相关度与员工愤怒情绪之间的负向关系在情境实验研究中不显著。第二，实验四在检验服务补救行为所受影响时，当经济补偿作为结果指标时，相关假设全部成立，但当核心服务补救（包括迅速解决问题和礼貌对待顾客）作为结果指标时，假设未得到数据支持。然而，以上两点在问卷调查中均得到了良好印证。至于背后的原因，本研究推测可能与研究方法的特点有关。问卷调查法记录的是真实发生的服务互动情况，各变量变差较大；实验法通过创造虚构情境及控制顾客愤怒方式来探询员工服务反应的意向性回答，毕竟与真实互动有别，可能存在员工反应变量灵敏度较差的情况，导致实验结果的组间差异不显著。具体来看，针对第一点，实验中顾客愤怒的社会丰富度与生动性远小于真实场景中的面对面互动，因此被试员工的愤怒情绪唤起程度较低，导致员工相关度向下抑制的作用空间被压缩，难以观测到差异，此为"地板效应"。针对第二点，虚拟情境实验在询问被试员工的核心服务补救行为意向时，有可能引起需求效应，导致被试回答得分偏高——实验结果中核心服务补救行为变量得分均值都在 6 分以上，由此难以观测到促进作用，此为"天花板效应"。未来的研究可采取面对面模拟互动方式继续验证本研究结论的稳健性。

（2）**基于情绪即社会信息理论，本研究发现，在顾客愤怒影响员工服务补救行为的过程中，员工愤怒情绪和员工感知威胁均发挥了中介作用。**结论显示，在顾客愤怒的强度影响服务补救行为关系中，员工威胁感知和员工愤怒情绪分别呈现方向相反的中介效应。受服务业顾客导向及员工低权力地位影响，与高级认知机制对应的员工感知威胁占据主导，使员工不得不努力提供补救以实现自我保护的目的，于是顾客愤怒强度最终呈现正向的主效应。与之相反，以上两种心理反应在员工相关度对服务补救行为影响过程中所发挥的中介效应方向相同，即员工相关度抑制员工愤怒、加强员工威胁感，被抑制的员工愤怒情绪与被强化的员工感知威胁联合促进了服务补救表现。此外，研究结果还显示，**在高顾客愤怒强度—高员工相关度的"双高"顾客愤怒组合（相较于其他三种组合）带来最优服务补救行为关系中，员工感知威胁发挥了中介作用。**

在选择员工愤怒情绪作为情感机制的代表变量时，本研究的理论推演同时涉及无意识的原始情绪感染，以及基于情感事件理论的有意识消极互惠过程，比较全面地涵盖了现有文献中情感机制内的相关理论视角。Parkinson 和 Simons（2009）证明，互动双方的情绪聚合既可以通过自动、无意识的情绪感染，也可通过有意识的社会事件评估。至于认知机制，按照 Hareli 等人（2008）的观点，愤怒情绪可激发观察者对表达者社会权力、能力、可信度三方面信息进行推断。对应到服务互动上，顾客愤怒可以引发员工对顾客社会权力、能力、可信度做出推断，以上三个方面的顾客信息均能提高员工对顾客愤怒的威胁感知，因此员工感知威胁作为认知机制变量具有良好的概括作用。情感和认知是个体对外界刺激采取即时反应时最基础的心理应对机制，选择情绪即社会信息理论作为研究框架，有效囊括了这两个过程，为理解服务接触互动过程提供了整合框架。

综合来看，顾客愤怒对员工服务补救行为影响过程的结论说明，情感和认知机制可以被有效整合到一个研究模型内，并在不同顾客愤怒感知与员工服务补救行为关系中发挥中介作用。本研究在一定程度上澄清了有关顾客愤怒到底是阻碍还是促进员工服务表现的矛盾认识，也为企业准确理解双方情绪互动提供了系统解释框架。

（3）**本研究发现，服务氛围作为重要的组织情境特征，不仅调节顾客愤怒与员工心理反应（员工愤怒情绪与员工感知威胁）之间的关系，对员工心理反应在顾客愤怒与服务补救行为关系之间的中介效应也具有调节作用，即被调节的中介效应。** 具体来看，问卷调查结果显示：一方面，具有浓厚服务氛围的组织重视和支持服务质量，有助于强化一线员工担当企业代表的角色意识，提高其理性认知，因此顾客愤怒强度对员工愤怒感染的正向关系被减弱，同时员工相关度对员工愤怒感染的抑制作用被加强，两种过程同步增加了员工服务补救表现；另一方面，浓厚服务氛围又可以增强员工的心理安全感，虽然这有利于减轻员工相关度所引致的员工威胁感，但是也意味着员工规避惩罚的自我保护动机减弱，员工不再因担心利益损失而努力进行服务补救。实证结果未能验证顾客愤怒强度与员工感知威胁之间关系在不同程度服务氛围下的权变作用，可能的原因如下：依据前述结论，强服务氛围能减少员工心理不安全感，降低员工对顾客强烈愤怒的惧怕和威胁感；在弱服务氛围下，员工组织承诺水平低，未将自身利益与组织利益联系起来，不太关心顾客强烈情绪对组织的危害（Hong et al.，2013），感受自身所受风险降低，故可能主观上调低事态紧迫性。因此顾客愤怒强度对员工感知威胁的影响在强弱服务氛围情境下并无明显差异。

从以上结论可以看到，服务氛围的调节作用呈现出"双刃剑"效应，其在抑制顾客愤怒引发员工消极情感的同时，也减弱了员工的威胁推断，后一种过程一定程度上阻碍了员工服务补救表现。然而，本研究认为还是应辩证看待强服务氛围下员工感知威胁降低进而减少补救这一实证结果。沿着这一传导路径，强服务氛围的调节影响虽然体现出负面性，但对顾客愤怒的威胁感和恐惧感降低毕竟有益于员工心理健康，可持续改善员工后续服务绩效；与此同时，大量文献已经证明，强服务氛围本身对员工服务绩效有直接的积极影响，可促进员工提高服务质量（张若勇 等，2009；Hong et al.，2013）。综合而言，构建强服务氛围的净回报仍是正向的，因为强服务氛围作为企业长期、稳定的情境变量，不仅可直接作用于一线员工服务表现，还可以调节每一次服务接触中的员工情绪，促进员工身心健康。因此，研究结论再次印证了服务氛围对服务企业的关键性战略意义。

6.2 研究创新

本研究有以下一些创新：

（1）从情绪接受者角度解析一线员工对顾客愤怒的不同感知，分析了员工感知的顾客愤怒强度和员工相关度对员工即时情感、认知及补救行为的不同影响，丰富了顾客愤怒人际影响理论研究的分析视角，也有助于澄清和解释现有结论中存在的矛盾。

目前关于服务接触中顾客消极情绪人际影响的实证研究大多将顾客愤怒视为一个整体，探讨其对员工服务互动的即时作用，但尚未得出一致结论（Dallimore et al., 2007；Hareli et al., 2009；Miron-Spektor et al., 2011；Walker et al., 2014）。人际交往中的外显情绪虽然由表达者启动和展示，但情绪线索如何影响双方后续互动更多地取决于情绪接受者的主观感知和理解（冯柔佳 等，2020；Van Kleef，2016）。现有文献未能厘清顾客愤怒形成人际影响差异的原因可能是缺乏从情绪接受者的员工角度去细化和深入分析顾客愤怒。受 Weingart 等人（2015）冲突表达理论文章的启发，本研究从员工感知角度出发，提出员工会从程度和内容两个方面去识别顾客愤怒，前者反映了员工对情绪内在对抗张力的感知，后者反映了员工对情绪外部目标指向的感知，由此提炼出顾客愤怒的强度和员工相关度两个概念，并继续探究了二者的人际影响后果。研究发现，在服务失败及补救中，顾客愤怒的强度和员工相关度对员工情感、认知及服务补救行为的影响存在差异。具体而言，一方面顾客愤怒的强度增加员工愤怒感染，进而降低补救的效能；另一方面也促进员工威胁推断，进而提高补救的效能。两个过程存在相互抵消，故顾客愤怒的强度与服务补救的关系最终取决于情感与认知作用的相对大小。员工相关度抑制员工愤怒感染，与此同时促进威胁推断，这两个过程可以共同提升服务补救的效能。以上结果表明，顾客愤怒到底是阻碍还是促进员工即时反应并不存在简单、直接的答案，关键应落脚于员工的情绪感知，深入解析员工对顾客愤怒的不同感知以及员工在其中所做的权衡，明确各段影响关系的优先级，才能准确回答现有研究难题。此外，本研究还基于两种感知的程度差异构造出四种顾客愤怒组合，运用严格实验控制比较了它们影响的差异。结果发现，高顾客愤怒强度—高员工相关度的"双高"顾客愤怒组合带来最大的员工感知威胁与最优的服务补救。这一结论进一步说明，作为情绪接受者的员工不仅会对顾客情绪形成不同感知，还会联合不同感知对其自身处境进行评估，从而调整自身服务工作表现。

综合来看，本研究基于情绪接受者的员工感知角度解析了顾客愤怒的不同方面，凸显了服务互动中顾客情绪的社会属性，丰富了顾客愤怒人际效应的研究视角。本研究首次在一个研究框架内联合考察员工的不同顾客愤怒感知对员工情感、认知及服务行为等一系列反应的不同影响，也在一定程度上澄清和解释了现有结论中存在的矛盾，有利于促进顾客情绪人际效应理论研究。

（2）通过探究员工情感与认知，构建了整合理论框架，对顾客愤怒与员工服务补救行为之间的传导机制做了深入剖析，进一步完善了顾客愤怒人际影响和情绪即社会信息的理论研究。

在已有关于顾客愤怒影响员工即时反应内在作用机理的文献中，存在理论分散和孤立的不足，不同解释机制立足点各异，所得结论也大相径庭。大部分研究从情感机制切入，推导出顾客愤怒引发员工消极情感进而影响服务质量的负效应结论，涉及理论包括情绪感染（Dallimore et al., 2007; X. Y. Liu et al., 2019）、基于人际公平的情感事件理论（Rupp & Spencer, 2006; Spencer & Rupp, 2009; Tao et al., 2016）。还有一些研究基于资源机制，指出顾客愤怒减损员工心理调控、自我价值等方面资源，同样证明了服务质量会降低的负效应结论（Rafaeli et al., 2012; Walker et al., 2017; M. Wang et al., 2011）。新兴研究从认知机制出发，依据情绪的社会信息功能，推导并证明员工提升服务绩效的可能性，随后顾客愤怒人际影响的正效应才逐步得到关注（Glikson et al., 2019; Hareli et al., 2009）。本研究基于 Van Kleef 等人（2010）提出的情绪即社会信息理论，系统整合了现有文献中的代表性理论，全面考察员工两个基本心理反应——"热"的情感与"冷"的认知在顾客愤怒影响员工服务补救行为过程中的作用机制，验证了员工对顾客愤怒情绪及感知威胁的中介作用。具体而言，本研究发现，员工情感与认知在顾客愤怒强度与员工服务补救行为传导机制中具有抵消作用，在员工相关度与员工服务补救行为传导机制中具有联合促进作用。这一研究结论表明，包含不同顾客愤怒感知和不同员工心理反应的整合研究框架可以有效避免结论偏差，有利于全面评估顾客愤怒的人际效应，完善现有理论。

另外，在此之前，情绪即社会信息理论多被应用于冲突谈判、组织领导与团队绩效、人际关系等领域，很少出现在服务营销管理文献中。据笔者所知，此前仅有 *Academy of Management Journal* 期刊上有一篇文章采用该理论对服务人员积极情绪展示与顾客忠诚的关系进行了探究（Wang et al.，2017）。与之不同，本研究聚焦于顾客消极情绪，运用该理论探讨顾客愤怒与员工即时服务行为之间的关系。从这个意义上来说，本研究扩展了情绪即社会信息理论在服务营销领域内的应用，对推广该理论的适用情境亦有所贡献。

（3）论证了服务氛围的调节作用，发现服务氛围对顾客愤怒效果的调节影响呈现"双刃剑"效应，既有利于深化顾客愤怒人际效应的情境化研究，也推进和拓展了服务氛围理论研究。

服务氛围作为服务行业最基本和最重要的组织特征，为顾客愤怒人际影响的情境化研究提供了自然选择。以往服务互动中情绪人际影响的调节效应研究集中关注顾客表达和员工接受的个人特征变量，鲜有文献探究组织情境的作用。本研究从组织的服务氛围切入，对其调节效应及被调节的中介效应进行分析，深刻揭示出顾客愤怒影响员工服务行为传导机制起作用的边界条件，有益于深化顾客情绪人际效应的情境化研究。

本研究结论显示，强服务氛围可以对顾客愤怒引发员工消极情感过程起到良好的抑制作用，继而促进服务补救，但同时也会减弱员工的威胁推断，从而阻碍员工补救。换言之，若以服务补救绩效作为评定标准，服务氛围的调节作用同时体现出积极和消极的两面性。在此之前的服务氛围文献大多关注其对员工绩效的直接积极效应，仅少量研究分析了其充当调节变量时所发挥的作用（余传鹏 等，2018；Gong et al.，2020），探究服务氛围消极面的研究更是刚刚起步（Katz-Navon et al.，2019）。笔者通过分析有限的实证研究发现，服务氛围消极面主要体现在员工心理或情感层面，比如强服务氛围会增加员工情绪耗竭和离职率等（Katz-Navon et al.，2019）。不同于这些研究，本研究发现服务氛围调节作用的积极面体现为减少员工感受的威胁，消极面则衍生于此积极面，即员工因为心理压力减弱，反而降低了补救努力程度。因此本研究罕见地发现了服务氛围对即时服务绩效的消极作用。过往文献与本研究结论共同说明，服务氛围的"双刃剑"效应总是显现在组织绩效与员工心理健康之间，这点需要管理者在搭建组织内部环境时做出充分权衡。有鉴于此，本研究推进和拓展了服务氛围的理论研究，也为管理者科学构建及评估服务氛围提供了思考方向。

6.3 管理启示

本研究可以提供以下管理启示：

（1）为企业理解顾客愤怒情绪，预测和管控员工服务表现提供实践指导。

本研究对服务失败及补救中顾客愤怒与员工补救行为的关系及其传导机制的探讨，打开了顾客与员工情绪互动的"黑箱"，既可以帮助服务组织准确理解一线员工眼中的顾客愤怒情绪，也可以为预测和管控一线员工服务补救工作提供实践指导，还可以为维护员工福祉提供管理启示。具体来看，企业管理者可通过以下途径驾驭顾客消极情绪，避免服务接触中形成消极情绪螺旋，最终影响服务质量。

第一，监测服务双方情绪，提前预判并及时介入。服务企业需要充分理解顾客愤怒情绪的内涵与构造，明确一线员工会根据顾客愤怒强度以及与其自身相关度两个方面来感知和评估顾客愤怒，形成相应的情感及认知反应，最终影响服务补救行为。因此，管理者可以主动采取措施监测和管理顾客与一线员工的情绪互动，对服务互动的未来演进做出预判，必要时提前进行干预。在具体操作上，企业可在遵循隐私条款和相关法律法规的前提下，于服务场所内安装面部识别技术，追踪服务双方情绪变化。目前市面上已有一些公司开发了相关产品，依托 MIT 人工智能实验室创立的 Affectiva 公司就有专门提供类似服务的软件产品。该产品通过识别顾客表情、肢体动作等情绪线索来帮助企业第一时间了解顾客状态（Kaplan & Haenlein，2019）。服务公司可尝试使用该类产品跟踪顾客与员工情绪，并结合本研究结论预测双方互动走向。一旦检测到冲突升级、服务恶化的嫌疑，管理者可以提前介入，避免进一步损失，相信此举能够有效保证优质服务质量和顾客体验。

第二，提高员工情绪感染意识，在招聘与培训中重视员工情绪管理能力。根据本研究结论，虽然顾客愤怒的强度对服务补救行为最终表现为促进作用，但分析其影响过程可以发现，顾客愤怒强度仍然会加剧员工愤怒感染，进而影响服务补救工作。因此，本研究建议服务企业在日常培训中提升一线员工对情绪感染过程的理性认识和驾驭能力，引导其在与愤怒的顾客互动的初始阶段就有意识地抵御感染，员工可采取的具体行动包括主动向顾客表达热情和真诚，从源头上抑制感染。防止消极情绪感染还可以通过在招聘中重视员工情绪能力来实现。广义来说，情绪能力包括情绪智力与情绪调控自我效能。情绪智力反映了个体有效完成情感活动所需的能力，包括准确感知自我与他人情绪的能力、利用情绪促进思考的能力、理解情绪含义的能力，以及管理情绪的能力（Mayer & Salovey, 1993）。情绪调控自我效能指个体在多大程度上相信自己能够成功调节自己情绪的能力（M. Wang et al., 2011）。为了尽量找到与一线服务岗位匹配的人，企业可通过必要的情商测试，挑选那些在情绪智力和情绪调控自我效能测试中得分较高的应聘者，因为这些人通常更愿意也更有能力去约束自己的消极情感，比较善于处理人际冲突。此外，情绪能力也可以通过后天培训习得。因此，企业可以在培训中训练在岗员工，帮助其提高情绪能力，比如通过开展角色扮演类互动练习来教授员工通过各种生理迹象观察、理解顾客情绪（Delcourt et al., 2016），进一步指导员工正确协调认知资源，更快、更恰当地应对顾客及其自身情绪。

第三，将顾客情绪与员工绩效考评挂钩，鼓励员工主动承担责任。根据本研究结论，顾客愤怒的员工相关度既可以降低员工消极情感，又可以促进员工威胁推断，进而同步促进服务补救。因此，本研究建议服务管理者在危机管理与应对培训中，要尽量弱化员工对顾客愤怒强度的关注，尝试在规章制度中将顾客情绪与员工切身利益关联起来，制定以顾客应对成效为奖惩依据的细则，引导员工在服务工作中多关注顾客负面情绪的内容，并且鼓励员工主动承担责任，积极解决顾客问题。此外，企业还可以在薪酬管理中以团队为单位来评估服务绩效。这样一来，即使顾客情绪的源头并非互动员工，也能在一定程度上提高员工工作的积极性，保证服务质量。更为简单、直接的办法也是从招聘入手。管理者可以考虑招聘那些具有高水平求知动机的应聘者，因为这些人往往具有强烈的动机去理解困难境遇，并擅长在理性评估后做出适应性应对（Z. Wang et al., 2017）。

第四，企业应该在服务绩效与员工身心健康之间找准平衡点。依据本研究结论，面对无礼的顾客，尽管员工仍然能够坚持服务补救工作，但打开"黑匣子"后可以发现，这其实是他们受到威胁驱使而做出的无奈之举，可推测他们耗费了大量精力来抑制内心的愤懑。长远来看，这无疑对员工心理健康是有害的。负责任的企业应努力在顾客导向和对员工的义务之间取得平衡，确保员工心理安全，这样才是提高服务质量的长久之计。在具体操作层面上，管理者可以适当考虑员工利益，提前确定对顾客愤怒的容忍程度，如果顾客的无礼表现超过了员工承受底线，最好能允许员工暂时从顾客压力中解脱出来（Huang & Miao，2016）。企业甚至可以允许员工以礼貌方式回绝顾客的无礼表现。此举一来可以提高员工的公平恢复感，增加员工组织承诺，二来也有助于企业赢得旁观顾客的好感，提升后续顾客的服务满意度（Henkel et al.，2017）。

（2）有助于企业科学构建和评估服务氛围，使顾客与员工同时受益。

服务氛围在连接内部管理与外部顾客之间具有关键作用，对保证优质服务的战略性意义也不言而喻，构建强烈服务氛围业已成为所有服务管理者的共识。本研究结论表明浓厚的服务氛围可以抑制员工对顾客的消极情感，但同时也会减弱员工心理威胁感，后一过程在一定程度上会降低服务补救绩效。笔者建议管理者辩证看待此结论，因为根据过去的文献，服务氛围本身对员工服务质量仍然具有直接的促进作用（张若勇 等，2009）。换言之，服务氛围不仅可以直接提升员工服务绩效，而且可以通过帮助员工更好地消化负面情绪来提升工作表现，还可以有益于员工身心健康，有效减轻员工工作压力和工作不安全感。有鉴于此，管理者应该对在组织内部构建浓厚服务氛围秉持积极乐观的态度，长期、稳步地推进服务氛围的构建举措，因为这仍然是能使各利益相关方共赢的最佳办法。

企业可以通过实施服务型人力资源管理实践、建立更有效的服务型领导风格等方式来构建良好的服务氛围，在规章制定与完善、流程优化、技术支持等方面投入必要的资源，使服务企业获取持续竞争力（Hong et al.，2013；Jerger & Wirtz，2017）。具体来看，企业可以在招聘中挑选那些具有良好服务导向思维的候选者，比如有些人天生就对他人需求更敏感，也更愿意帮助和服务他人，这些应聘者天然适合做服务人员，而那些曾在服务氛围浓厚的公司内工作过的应聘者则更可能已从过往经验中习得了如何服务顾客。对企业来说，招聘这些候选者无疑性价比更高。企业还可以在培训和绩效考评中鼓励员工提供优质服务，传达组织对卓越服务的期望，比如为员工服务工作提供必要的心理和技术支持，尤其要在服务补救工作评估中突出对优质绩效的奖励，将员工实施补救的动机状态调整为促进定向。如此一来，既能保证员工心理安全感，又能激励员工持续提升服务质量。

（3）为抱怨的顾客正确表达情绪、获取有利回报提供策略性建议。

尽管本研究是从作为情绪接受者的员工的角度考察服务双方情绪互动的，但从另一个角度来看，那些遭遇服务失败的顾客也能从中获益，因为顾客可将本研究结论作为行动指南，在抱怨过程中策略性地向员工表达愤怒情绪，以此获取可观的服务赔偿。本研究发现，员工感知的顾客愤怒强度同时增强了员工消极情感和威胁推断，二者分别降低和提高员工补救努力程度，尽管后一过程的作用更强，致使最终呈现顾客愤怒强度提高服务补救努力程度的结果，但我们还是建议抱怨的顾客在运用时适度放大愤怒，毕竟过度展现负面情绪而从低权力地位员工处攫取好处的做法对员工是不公平的。员工相关度的结论表明，如果顾客在抱怨时能遵循"权责到人"的原则，向与事件直接相关的员工表达不满情绪，更可能抑制员工消极情绪，提高员工理性思考，最终促进服务补救行为。综合来看，依据高顾客愤怒强度—高员工相关度的"双高"顾客愤怒组合可以带来最优服务补救的结论，抱怨的顾客可以适度放大愤怒强度，明确指出涉事员工的错误，展现怒气时策略性地"对事"又"对人"，预期服务问题能得到更妥善的处理，顾客也更有可能获得满意的补救赔偿。

6.4 研究的局限与未来展望

本研究探讨了服务失败及补救中顾客愤怒对员工服务补救行为的影响及中介机制，还进一步分析了服务氛围的调节作用，对相关理论研究具有一定贡献。然而，受客观条件与笔者能力所限，本研究仍在以下方面存在局限，值得后续学者继续深入探讨。

6.4.1 研究方法方面

首先，本研究的问卷调查仅从员工角度获取自评数据，受员工主观因素影响较大，可能存在记忆偏差和需求效应。未来可搜集顾客与员工的配对样本数据，以提高研究结论的说服力（X. Y. Liu et al., 2019）。

其次，本研究的实验方法部分未能证明顾客愤怒的员工相关度和员工愤怒情绪之间的负向关系，正如前文所述，这可能是实验刺激相较于面对面真实互动的社交丰富度不够、情绪唤起度较低的缘故。未来实验研究可尝试使用丰富程度更高的视频刺激或面对面模拟互动来继续检验这种关系。

最后，本研究联合使用问卷调查与实验研究，对相关文献的方法层面做出了贡献。未来更有价值的研究尝试是开展准自然实验，运用真实的顾客或主管评估数据来衡量一线员工的服务补救表现（Chan & Wan, 2012），或者参考 Jerger 和 Wirtz（2017）的做法，在真实服务场景现场安插第三方观察者，秘密记录双方互动情况，预期可有效提高研究结论的外部效度。

6.4.2 研究内容方面

第一，本研究基于情绪即社会信息理论，分析了员工应对顾客愤怒的情感与认知机制。另一个解释情绪人际效应的代表性理论为情绪循环理论。该理论指出，面对他人情绪，观察者反应主要基于三种机制，分别是情绪模仿形成同类型情绪、情绪诠释形成其他类型情绪、认知推断提取关键信息（Hareli & Rafaeli, 2008）。若以情绪循环理论提及的两种情感反应为依据，本研究仅考察了员工情绪聚合，即员工体验到相同愤怒情绪的情况，尚未考虑情绪诠释的可能性。事实上，在顾客愤怒情绪的影响下，员工确实可能做出诠释，形成其他类型的互补情绪，比如恐惧（Lebel, 2017; Lelieveld et al., 2011）、内疚（Spencer & Rupp, 2009）、无助（Gelbrich, 2010）等，这些消极情绪甚至可能促进员工服务补救行为。从理论层面的比较来看，情绪循环理论相对全面地整合了情感与认知机制，未来的研究可进一步实证比较情绪循环理论与情绪即社会信息理论二者对情绪人际影响过程的解释力度，以便找到最合适的叙事框架。此外，现有理论中还有一派研究是运用资源机制来解释顾客愤怒与员工反应的关系，但考虑到目前尚无囊括情感、认知及资源三种机制的现成理论框架，本研究暂时未将资源机制整合到研究模型中。后续研究可以尝试开发适用的总体模型，比如将资源机制作为情感与认知机制的前置过程，建立逻辑主线为"顾客愤怒表达→资源机制→情感反应和认知推断→员工反应"的整合理论框架，从而系统、全面地解释现有的分散结论。

第二，本研究超越以往文献集中探讨服务双方个人特征变量的调节作用的局限，分析了关键组织特征——服务氛围的权变影响，但尚未考虑双方关系因素可能带来的调节影响。顾客与员工之间的服务互动本质上属于人际互动（Bitner et al.，1990），因此反映关系联结状态的人际因素不可忽视，将会对情绪作为沟通媒介如何在双方互动中起作用产生实质性影响。具体而言，未来的研究可考察顾客与员工相似性的调节，既包括学历、性别等人口统计特征，也包括共享价值观、生活方式、表达相似性等软性指标（Lim et al.，2017）。另外，在强调长期关系和顾客忠诚的金融服务业和医疗健康服务业中，顾客与服务人员之间可能存在长期、稳定的关系联结，而非惯常的"一次性"服务接触，这就导致服务双方关系强度出现差异的可能性。未来的学者可检验顾客愤怒人际影响在双方不同关系强度下的差异，以期为不同类型服务企业、不同顾客—员工关系形态下的情绪互动提供更具有针对性的管理建议。

第三，本研究探讨了顾客愤怒情绪对员工即时反应的影响，暂未考察双方情绪交互，继而形成动态演进的可能性。最新研究证据表明，在服务互动中，顾客与员工之间情绪会循环交替，即顾客情绪影响员工情绪，员工情绪又回溯再次影响顾客情绪，确认了服务接触中情绪互动的动态和双向属性（X. Y. Liu et al.，2019；Gabriel & Diefendorff，2015）。因此，在一个框架内将顾客与员工视为双研究主体，探索双方情绪的动态循环是未来有价值的研究方向（Hareli & Rafaeli，2008）。还有一点值得后续研究者探索的是，现实中有相当一部分服务互动发生在公共场域内，除直接互动的双方外，还可能有其他参与方在场，最典型的是其他旁观顾客（Vargo & Lusch，2017）。超越传统服务互动"一对一"的研究范式，探究第三方顾客在场的作用及其所受影响有着重要的研究价值，预期可进一步丰富顾客愤怒人际效应的理论研究（Albrecht et al.，2017；Chen et al.，2020；Du et al.，2014）。

参考文献

[1] ADAM H, BRETT J M, 2018. Everything in moderation: The social effects of anger depend on its perceived intensity [J]. Journal of Experimental Social Psychology, 76: 12-18.

[2] ALBRECHT A K, SCHAEFERS T, WALSH G, BEATTY S E, 2019. The effect of compensation size on recovery satisfaction after group service failures: The role of group versus individual service recovery [J]. Journal of Service Research, 22 (1): 60-74.

[3] ALBRECHT A K, WALSH G, BRACH S, GREMLER D D, VAN HERPEN E, 2017. The influence of service employees and other customers on customer unfriendliness: A social norms perspective [J]. Journal of the Academy of Marketing Science, 45 (6): 827-847.

[4] ANTONETTI P, 2016. Consumer anger: A label in search of meaning [J]. European Journal of Marketing, 50 (9/10): 1602-1628.

[5] BAAS M, DE DREU C K W, NIJSTAD B A, 2008. A meta-analysis of 25 years of mood-creativity research: Hedonic tone, activation, or regulatory focus? [J]. Psychological Bulletin, 134 (6): 779-806.

[6] BAKER M A, KIM, K, 2020. Dealing with customer incivility: The effects of managerial support on employee psychological well-being and quality-of-life [J]. International Journal of Hospitality Management, 87: 102503.

[7] BARRETT L F, KENSINGER E A, 2010. Context is routinely encoded during emotion perception [J]. Psychological Science, 21 (4): 595-599.

[8] BASSO K, PIZZUTTI C, 2016. Trust recovery following a double deviation [J]. Journal of Service Research, 19 (2): 209-223.

[9] BERDAHL J L, MARTORANA P, 2006. Effects of power on emotion and expression during a controversial group discussion [J]. European Journal of

Social Psychology, 36（4）：497-509.

　　[10] BITNER M J, BOOMS B H, TETREAULT M S, 1990. The service encounter: Diagnosing favorable and unfavorable incidents [J]. Journal of Marketing, 54（1）：71-84.

　　[11] BOUGIE R, PIETERS R, ZEELENBERG M, 2003. Angry customers don't come back, they get back: The experience and behavioral implications of anger and dissatisfaction in services [J]. Journal of the Academy of Marketing Science, 31（4）：377-393.

　　[12] BOUKIS A, KORITOS C, DAUNT K L, PAPASTATHOPOULOS A, 2020. Effects of customer incivility on frontline employees and the moderating role of supervisor leadership style [J]. Tourism Management, 77：103997.

　　[13] BRADLEY G L, SPARKS B A, WEBER K, 2016. Perceived prevalence and personal impact of negative online reviews [J]. Journal of Service Management, 27（4）：507-533.

　　[14] BRAWLEY NEWLIN A M, PURY C L S, 2020. All of the above: An examination of overlapping organizational climates [J]. Journal of Business and Psychology, 35（4）：539-555.

　　[15] BUSHMAN B J, BONACCI A M, PEDERSEN W C, VASQUEZ E A, MILLER N, 2005. Chewing on it can chew you up: Effects of rumination on triggered displaced aggression [J]. Journal of Personality and Social Psychology, 88（6）：969-983.

　　[16] C HARRIS L, DAUNT K, 2013. Managing customer misbehavior: Challenges and strategies[J]. Journal of Services Marketing, 27（4）：281-293.

　　[17] CAMPAGNA R L, MISLIN A A, KONG D T, BOTTOM W P, 2016. Strategic consequences of emotional misrepresentation in negotiation: The blowback effect [J]. Journal of Applied Psychology, 101（5）：605-624.

　　[18] CHAN K W, WAN E W, 2012. How can stressed employees deliver better customer service? The underlying self-regulation depletion mechanism [J]. Journal of Marketing, 76（1）：119-137.

　　[19] CHAPLIN T M, ALDAO A, 2013. Gender differences in emotion expression in children: A meta-analytic review [J]. Psychological Bulletin, 139（4）：735-765.

[20] CHEN K, CHEN J, ZHAN W, SHARMA P, 2020. When in Rome! Complaint contagion effect in multi-actor service ecosystems [J]. Journal of Business Research, 121: 628-641.

[21] CHESHIN A, AMIT A, VAN KLEEF G A, 2018. The interpersonal effects of emotion intensity in customer service: Perceived appropriateness and authenticity of attendants' emotional displays shape customer trust and satisfaction [J]. Organizational Behavior and Human Decision Processes, 144: 97-111.

[22] CHESHIN A, RAFAELI A, BOS N, 2011. Anger and happiness in virtual teams: Emotional influences of text and behavior on others' affect in the absence of non-verbal cues [J]. Organizational Behavior and Human Decision Processes, 116 (1): 2-16.

[23] CHIN W W, 1998. Issues and opinion on structural equation modeling [J]. MIS Quarterly, 22 (1): 7-16.

[24] COMPAS B E, CONNOR-Smith J K, SALTZMAN H, THOMSEN A H, WADSWORTH M E, 2001. Coping with stress during childhood and adolescence: Problems, progress, and potential in theory and research [J]. Psychological Bulletin, 127 (1): 87-127.

[25] DALLIMORE K S, SPARKS B A, BUTCHER K, 2007. The influence of angry customer outbursts on service providers' facial displays and affective states [J]. Journal of Service Research, 10 (1): 78-92.

[26] DAUNT K, HARRIS L, 2012. Motives of dysfunctional customer behavior: An empirical study[J]. Journal of Services Marketing, 26(4): 293-308.

[27] DELCOURT C, GREMLER D D, VAN RIEL A C R, VAN BIRGELEN M J H, 2016. Employee emotional competence: Construct conceptualization and validation of a customer-based measure [J]. Journal of Service Research, 19 (1): 72-87.

[28] DRACH-ZAHAVY A, EREZ M, 2002. Challenge versus threat effects on the goal-performance relationship [J]. Organizational Behavior and Human Decision Processes, 88 (2): 667-682.

[29] DU J FAN X, FENG T, 2014. Group emotional contagion and complaint iIntentions in group service failure: The role of group size and group familiarity [J]. Journal of Service Research, 17 (3): 326-338.

［30］ DUDENHÖFFER S, DORMANN C, 2013. Customer-related social stressors and service providers' affective reactions: Customer-related social stressors ［J］. Journal of Organizational Behavior, 34 (4): 520-539.

［31］ EKMAN P, 1993. Facial expression and emotion ［J］. American Psychologist, 48 (4): 384-392.

［32］ FOLKMAN S, LAZARUS R S, DUNKEL-SCHETTER C, DELONGIS A, GRUEN R J, 1986. Dynamics of a stressful encounter: Cognitive appraisal, coping, and encounter outcomes ［J］. Journal of Personality and Social Psychology, 50 (5): 992-1003.

［33］ FORNELL C, LARCKER D F, 1981. Structural equation models with unobservable variables and measurement error: Algebra and statistics ［M］. Los Angeles, CA: Sage Publications.

［34］ GABRIEL A S, DIEFENDORFF J M, 2015. Emotional labor dynamics: A momentary approach ［J］. Academy of Management Journal, 58 (6): 1804-1825.

［35］ GEDDES D, CALLISTER R R, 2007. Crossing the line (s): A dual threshold model of anger in organizations ［J］. Academy of Management Review, 32 (3): 721-746.

［36］ GEDDES D, CALLISTER R R, GIBSON D, 2018. A message in the madness: Functions of workplace anger in organizational life ［J］. Academy of Management Perspectives, 34 (1): 28-47.

［37］ GELBRICH K, 2010. Anger, frustration, and helplessness after service failure: Coping strategies and effective informational support ［J］. Journal of the Academy of Marketing Science, 38 (5): 567-585.

［38］ GELBRICH K, GÄTHKE J, GRÉGOIRE Y, 2015. How much compensation should a firm offer for a flawed service? An examination of the nonlinear effects of compensation on satisfaction ［J］. Journal of Service Research, 18 (1): 107-123.

［39］ GELBRICH K, ROSCHK H, 2011. A meta-analysis of organizational complaint handling and customer responses ［J］. Journal of Service Research, 14 (1): 24-43.

［40］ GELFAND M J, LESLIE L M, KELLER K, DE DREU C,

2012. Conflict cultures in organizations: How leaders shape conflict cultures and their organizational-level consequences [J]. Journal of Applied Psychology, 97 (6): 1131-1147.

[41] GENG Z, LI C, BI K, ZHENG H, YANG X, 2018. Motivating service employee creativity: Regulatory focus and emotional labour [J]. Journal of Service Theory and Practice, 28 (2): 228-249.

[42] GIBSON D E, CALLISTER R R, 2010. Anger in organizations: Review and integration [J]. Journal of Management, 36 (1): 66-93.

[43] GLIKSON E, REES L, WIRTZ J, KOPELMAN S, RAFAELI A, 2019. When and why a squeakier wheel gets more grease: The influence of cultural values and anger intensity on customer compensation [J]. Journal of Service Research, 22 (3): 223-240.

[44] GONG T, WANG C-Y, LEE K, 2020. The consequences of customer-oriented constructive deviance in luxury-hotel restaurants [J]. Journal of Retailing and Consumer Services, 57: 102254.

[45] GRANDEY A A, DICKTER D N, SIN H-P, 2004. The customer is not always right: Customer aggression and emotion regulation of service employees [J]. Journal of Organizational Behavior, 25 (3): 397-418.

[46] GRANDEY A A, FISK G M, STEINER D D, 2005. Must "service with a smile" be stressful? The moderating role of personal control for American and French employees [J]. Journal of Applied Psychology, 90 (5): 893-904.

[47] GRÉGOIRE Y, LAUFER D, TRIPP T M, 2010. A comprehensive model of customer direct and indirect revenge: Understanding the effects of perceived greed and customer power [J]. Journal of the Academy of Marketing Science, 38 (6): 738-758.

[48] GREMLER D D, GWINNER K P, 2000. Customer-employee rapport in service relationships [J]. Journal of Service Research, 3 (1): 82-104.

[49] GRÖNROOS CHRISTIAN, 1982. An applied service marketing theory [J]. European Journal of Marketing, 16 (7): 30-41.

[50] GROTH M, GRANDEY A, 2012. From bad to worse: Negative exchange spirals in employee-customer service interactions [J]. Organizational Psychology Review, 2 (3): 208-233.

［51］ GROTH M, WU Y, NGUYEN H, JOHNSON A, 2019. The moment of truth: A review, synthesis, and research agenda for the customer service experience ［J］. Annual Review of Organizational Psychology and Organizational Behavior, 6 (1): 89-113.

［52］ HARELI S, HARUSH R, SULEIMAN R, COSSETTE M, BERGERON S, LAVOIE V, DUGAY G, HESS U, 2009. When scowling may be a good thing: The influence of anger expressions on credibility ［J］. European Journal of Social Psychology, 39 (4): 631-638.

［53］ HARELI S, RAFAELI A, 2008. Emotion cycles: On the social influence of emotion in organizations ［J］. Research in Organizational Behavior, 28: 35-59.

［54］ HARRIS L C, 2013. Service employees and customer phone rage: An empirical analysis ［J］. European Journal of Marketing, 47 (3/4): 463-484.

［55］ HARRIS L C, REYNOLDS K L, 2003. The consequences of dysfunctional customer behavior ［J］. Journal of Service Research, 6 (2): 144-161.

［56］ HATFIELD E, CACIOPPO J T, RAPSON R L, 1992. Primitive emotional contagion［J］. Review of Personality and Social Psychology, 14: 151-177.

［57］ HE H, HARRIS L, 2014. Moral disengagement of hotel guest negative WOM: Moral identity centrality, moral awareness, and anger ［J］. Annals of Tourism Research, 45: 132-151.

［58］ HENKEL A P, BOEGERSHAUSEN J, RAFAELI A, LEMMINK J, 2017. The social dimension of service interactions: Observer reactions to customer incivility ［J］. Journal of Service Research, 20 (2): 120-134.

［59］ HERSHCOVIS M S, BHATNAGAR N, 2017. When fellow customers behave badly: Witness reactions to employee mistreatment by customers ［J］. Journal of Applied Psychology, 102 (11): 1528-1544.

［60］ HESS R L, GANESAN S, KLEIN N M, 2007. Interactional service failures in a pseudorelationship: The role of organizational attributions ［J］. Journal of Retailing, 83 (1): 79-95.

［61］ HILLEBRANDT A, BARCLAY L J, 2017. Comparing integral and incidental emotions: Testing insights from emotions as social information theory and attribution theory ［J］. Journal of Applied Psychology, 102 (5): 732-752.

［62］ HOBFOLL S E, 1989. Conservation of resources: A new attempt at conceptualizing stress ［J］. American Psychologist, 44（3）: 513-524.

［63］ HONG Y, LIAO H, HU J, JIANG K, 2013. Missing link in the service profit chain: A meta-analytic review of the antecedents, consequences, and moderators of service climate ［J］. Journal of Applied Psychology, 98（2）: 237-267.

［64］ HOUSTON M B, WALKER B A, 1996. Self-relevance and purchase goals: Mapping a consumer decision ［J］. Journal of the Academy of Marketing Science, 24（3）: 232-245.

［65］ HUANG Z（JOY）, MIAO L, 2016. Illegitimate customer complaining behavior in hospitality service encounters: A frontline employee perspective ［J］. Journal of Hospitality & Tourism Research, 40（6）: 655-684.

［66］ JERGER C, WIRTZ J, 2017. Service employee responses to angry customer complaints: The roles of customer status and service climate ［J］. Journal of Service Research, 20（4）: 362-378.

［67］ KAPLAN A, HAENLEIN M, 2019. Siri, Siri, in my hand: Who's the fairest in the land? On the interpretations, illustrations, and implications of artificial intelligence ［J］. Business Horizons, 62（1）: 15-25.

［68］ KATZ-NAVON T, VASHDI D R, NAVEH E, 2019. The toll of service climate on employees: An emotional labor perspective ［J］. Journal of Service Theory and Practice, 30（2）: 105-121.

［69］ KIM K, BAKER M A, 2020. Paying it forward: The influence of other customer service recovery on future co-creation ［J］. Journal of Business Research, 121: 604-615.

［70］ KIM S-H, SMITH R, BRIGHAM N J, 1998. Effects of power imbalance and the presence of third parties on reactions to harm: Upward and downward revenge ［J］. Personality and Social Psychology Bulletin, 24（4）: 353-361.

［71］ KOOPMANN J, WANG M, LIU Y, SONG Y, 2015. Customer mistreatment: A review of conceptualizations and a multilevel theoretical model ［M］//P PERREWÉ, J HALBESLEBEN, C ROSE（Eds.）. Research in Occupational Stress and Well-being. Bingley, UK, Emerald Group Publishing

Limited：33-79.

[72] KOPPITSCH S, FOLKES V S, MACINNIS D, PORATH C, 2013. The way a salesperson manages service providers influences customers' anger about problems [J]. Journal of Personal Selling & Sales Management, 33 (1)：67-77.

[73] KRANZBÜHLER A-M, ZERRES A, KLEIJNEN M H P, VERLEGH P W J, 2020. Beyond valence：A meta-analysis of discrete emotions in firm-customer encounters [J]. Journal of the Academy of Marketing Science, 48 (3)：478-498.

[74] KUTAULA S, GILLANI A C, LEONIDOU L, PALIHAWADANA D, 2020. Exploring frontline employee-customer linkages：A psychological contract perspective [J]. The International Journal of Human Resource Management, 13 (7)：1-38.

[75] LAM C F, LEE C, SUI Y, 2019. Say it as it is：Consequences of voice directness, voice politeness, and voicer credibility on voice endorsement [J]. Journal of Applied Psychology, 104 (5)：642-658.

[76] LAZARUS R S, 1991. Cognition and motivation in emotion [J]. American Psychologist, 46 (4)：352-367.

[77] LEBEL R D, 2017. Moving beyond fight and flight：A contingent model of how the emotional regulation of anger and fear sparks proactivity [J]. Academy of Management Review, 42 (2)：190-206.

[78] LELIEVELD G-J, VAN DIJK E, VAN BEEST I, STEINEL W, VAN KLEEF G A, 2011. Disappointed in you, angry about your offer：Distinct negative emotions induce concessions via different mechanisms [J]. Journal of Experimental Social Psychology, 47 (3)：635-641.

[79] LELIEVELD G-J, VAN DIJK E, VAN BEEST I, VAN KLEEF G A, 2012. Why anger and disappointment affect other's bargaining behavior differently：The moderating role of power and the mediating role of reciprocal and complementary emotions [J]. Personality and Social Psychology Bulletin, 38 (9)：1209-1221.

[80] LERNER J S, LI Y, VALDESOLO P, KASSAM K S, 2015. Emotion and decision making [J]. Annual Review of Psychologhy, 66：

799-823.

[81] LIM E A C, LEE Y H, FOO M-D, 2017. Frontline employees' non-verbal cues in service encounters: A double-edged sword [J]. Journal of the Academy of Marketing Science, 45 (5): 657-676.

[82] LIU X-Y, CHI N-W, GREMLER D D, 2019. Emotion cycles in services: Emotional contagion and emotional labor effects [J]. Journal of Service Research, 22 (3): 285-300.

[83] LIU Y, SONG Y, KOOPMANN J, WANG M, CHANG C-H (DAISY), SHI J, 2017. Eating your feelings? Testing a model of employees' work-related stressors, sleep quality, and unhealthy eating [J]. Journal of Applied Psychology, 102 (8): 1237-1258.

[84] LUO J, VERLEGH P W J, KLEIJNEN M H P, LI Y, 2020. When employees show care: The effects of customer emotional expressions on service recovery [C]. Proceedings of the European Marketing Academy, Budapest, 49th EMAC: 63566.

[85] MAXHAM J G, NETEMEYER R G, 2002. Modeling customer perceptions of complaint handling over time: The effects of perceived justice on satisfaction and intent [J]. Journal of Retailing, 78 (4): 239-252.

[86] MAYER J D, SALOVEY P, 1993. The intelligence of emotional intelligence [J]. Intelligence, 17 (4): 433-442.

[87] MCCANCE A S, NYE C D, WANG L, JONES K S, CHIU C, 2013. Alleviating the burden of emotional labor: The role of social sharing [J]. Journal of Management, 39 (2): 392-415.

[88] MCCOLL-KENNEDY J R, PATTERSON P G, SMITH A K, BRADY M K, 2009. Customer rage episodes: Emotions, expressions and behaviors [J]. Journal of Retailing, 85 (2): 222-237.

[89] MCCOLL-KENNEDY J R, SMITH A K, 2006. Customer emotions in service failure and recovery encounters [J]. Research on Emotion in Organizations, 2: 237-268.

[90] MCCOLL-KENNEDY J R, SPARKS B A, 2003. Application of fairness theory to service failures and service recovery [J]. Journal of Service Research, 5 (3): 251-266.

［91］ MIRON－SPEKTOR E, EFRAT－TREISTER D, RAFAELI A, SCHWARZ－COHEN O, 2011. Others' anger makes people work harder not smarter：The effect of observing anger and sarcasm on creative and analytic thinking ［J］. Journal of Applied Psychology, 96（5）：1065-1075.

［92］ OLIVER R L, 1996. Satisfaction：A Behavioral Perspective on the Consumer ［M］. New York：McGraw-Hill.

［93］ OREG S, BARTUNEK J M, LEE G, DO B, 2018. An affect-based model of recipients' responses to organizational change events ［J］. Academy of Management Review, 43（1）：65-86.

［94］ PARKINSON B, SIMONS G, 2009. Affecting others：Social appraisal and emotion contagion in everyday decision making ［J］. Personality and Social Psychology Bulletin, 35（8）：1071-1084.

［95］ PATTERSON P G, BRADY M K, MCCOLL－KENNEDY J R, 2016. Geysers or bubbling hot springs? A cross-cultural examination of customer rage from eastern and western perspectives ［J］. Journal of Service Research, 19（3）：243-259.

［96］ PETTY R E, CACIOPPO J T, 1986. The elaboration likelihood model of persuasion ［M］. New York：Springer.

［97］ PODSAKOFF P M, MACKENZIE S B, LEE J-Y, PODSAKOFF N P, 2003. Common method biases in behavioral research：A critical review of the literature and recommended remedies ［J］. Journal of Applied Psychology, 88（5）：879-903.

［98］ PREACHER K J, RUCKER D D, HAYES A F, 2007. Addressing moderated mediation hypotheses：Theory, methods, and prescriptions ［J］. Multivariate Behavioral Research, 42（1）：185-227.

［99］ PUGH H B, BRADY M K, HOPKINS L M, 2018. Acustomer scorned：Effects of employee reprimands in frontline service encounters ［J］. Journal of Service Research, 21（2）：219-234.

［100］ RAFAELI A, EREZ A, RAVID S, DERFLER-ROZIN R, TREISTER D E, SCHEYER R, 2012. When customers exhibit verbal aggression, employees pay cognitive costs ［J］. Journal of Applied Psychology, 97（5）：931-950.

［101］ REYNOLDS K L, HARRIS L C, 2006. Deviantcustomer behavior：

An exploration of frontline employee tactics [J]. Journal of Marketing Theory and Practice, 14 (2): 95-111.

[102] ROSCHK H, GELBRICH K, 2014. Identifyingappropriate compensation types for service failures: A meta-analytic and experimental analysis [J]. Journal of Service Research, 17 (2): 195-211.

[103] ROSEMAN I J, WIEST C, SWARTZ T S, 1994. Phenomenology, behaviors, and goals differentiate discrete emotions [J]. Journal of Personality and Social Psychology, 67 (2): 206-221.

[104] ROTHMAN N B, PRATT M G, REES L, VOGUS T J, 2017. Understanding thedual nature of ambivalence: Why and when ambivalence leads to good and bad outcomes [J]. Academy of Management Annals, 11 (1): 33-72.

[105] RUPP D E, SILKE MCCANCE A, SPENCER S, SONNTAG K, 2008. Customer (in) justice and emotional labor: The role of perspective taking, anger, and emotional regulation [J]. Journal of Management, 34 (5): 903-924.

[106] RUPP D E, SPENCER S, 2006. When customers lash out: The effects of customer interactional injustice on emotional labor and the mediating role of discrete emotions [J]. Journal of Applied Psychology, 91 (4): 971-978.

[107] SHAO R, SKARLICKI D P, 2014. Serviceemployees' reactions to mistreatment by customers: A comparison between North America and East Asia [J]. Personnel Psychology, 67 (1): 23-59.

[108] SINACEUR M, TIEDENS L Z, 2006. Get mad and get more than e-ven: When and why anger expression is effective in negotiations [J]. Journal of Experimental Social Psychology, 42 (3): 314-322.

[109] SINACEUR M, VAN KLEEF G A, NEALE M A, ADAM H, HAAG C, 2011. Hot or cold: Is communicating anger or threats more effective in negotiation? [J]. Journal of Applied Psychology, 96 (5): 1018-1032.

[110] SIRIANNI N J, BITNER M J, BROWN S W, MANDEL N, 2013. Brandedservice encounters: Strategically aligning employee behavior with the brand positioning [J]. Journal of Marketing, 77 (6): 108-123.

[111] SKARLICKI D P, VAN JAARSVELD D D, WALKER D D, 2008. Getting even for customer mistreatment: The role of moral identity in the

relationship between customer interpersonal injustice and employee sabotage [J].
Journal of Applied Psychology, 93 (6): 1335-1347.

[112] SMITH A K, BOLTON R N, 2002. The effect of customers' emotional responses to service failures on their recovery effort evaluations and satisfaction judgments [J]. Journal of the Academy of Marketing Science, 30 (1): 5-23.

[113] SMITH AMY K, BOLTON R N, 1998. Anexperimental investigation of customer reactions to service failure and recovery encounters: Paradox or peril? [J]. Journal of Service Research, 1 (1): 65-81.

[114] SMITH AMY K, BOLTON R N, WAGNER J, 1999. Amodel of customer satisfaction with service encounters involving failure and recovery [J]. Journal of Marketing Research, 36 (3): 356-372.

[115] SMITH C, ELLSWORTH P, 1985. Patterns of cognitive Appraisal in emotion [J]. Journal of Personality and Social Psychology, 48 (4): 813-838.

[116] SPENCER S, RUPP D E, 2009. Angry, guilty, and conflicted: Injustice toward coworkers heightens emotional labor through cognitive and emotional mechanisms [J]. Journal of Applied Psychology, 94 (2): 429-444.

[117] SUGATHAN P, RANJAN K R, MULKY A G, 2017. An examination of the emotions that follow a failure of co-creation [J]. Journal of Business Research, 78: 43-52.

[118] SURACHARTKUMTONKUN J, MCCOLL - KENNEDY J R, PATTERSON P G, 2015. Unpackingcustomer rage elicitation: A dynamic model [J]. Journal of Service Research, 18 (2): 177-192.

[119] TAO K, KARANDE K, ARNDT A D, 2016. Howangry customer complaints influence salesperson commitment to service quality [J]. Journal of Marketing Theory and Practice, 24 (3): 265-282.

[120] TOTTENHAM N, TANAKA J W, LEON A C, MCCARRY T, NURSE M, HARE T A, MARCUS D J, WESTERLUND A, CASEY B, NELSON C, 2009. The NimStim set of facial expressions: Judgments from untrained research participants [J]. Psychiatry Research, 168 (3): 242-249.

[121] VAN DER HEIJDEN G A H, SCHEPERS J J L, NIJSSEN E J, ORDANINI A, 2013. Don't just fix it, make it better! Using frontline service

employees to improve recovery performance [J]. Journal of the Academy of Marketing Science, 41 (5): 515-530.

[122] VAN DIJK E, VAN BEEST I, VAN KLEEF G A, LELIEVELD G-J, 2018. Communication of anger versus disappointment in bargaining and the moderating role of power [J]. Journal of Behavioral Decision Making, 31 (5): 632-643.

[123] VAN DIJK W W, ZEELENBERG M, 2002. What do we talk about when we talk about disappointment? Distinguishing outcome-related disappointment from person-related disappointment [J]. Cognition and Emotion, 16 (6): 787-807.

[124] VAN KLEEF G A, 2016. The interpersonal dynamics of emotion [M]. London: Cambridge University Press.

[125] VAN KLEEF G A, DE DREU C K W, MANSTEAD A S R, 2010. An interpersonal approach to emotion in social decision making [J]. Advances in Experimental Social Psychology, 42: 45-96.

[126] VAN KLEEF G A, VAN DOORN E A, HEERDINK M W, KONING L F, 2011. Emotion is for influence [J]. European Review of Social Psychology, 22 (1): 114-163.

[127] VAN VAERENBERGH Y, ORSINGHER C, VERMEIR I, LARIVIÈRE B, 2014. A meta-analysis of relationships linking service failure attributions to customer outcomes[J]. Journal of Service Research, 17(4): 381-398.

[128] VAN VAERENBERGH Y, VARGA D, DE KEYSER A, ORSINGHER C, 2019. The service recovery journey: Conceptualization, integration, and directions for future research [J]. Journal of Service Research, 22 (2): 103-119.

[129] VARGO S L, LUSCH R F, 2017. Service-dominant logic 2025 [J]. International Journal of Research in Marketing, 34 (1): 46-67.

[130] VOORHEES C M, FOMBELLE P W, GREGOIRE Y, BONE S, GUSTAFSSON A, SOUSA R, WALKOWIAK T, 2017. Service encounters, experiences and the customer journey: Defining the field and a call to expand our lens [J]. Journal of Business Research, 79: 269-280.

[131] WALKER D D, VAN JAARSVELD D D, SKARLICKI D P, 2014. Exploring the effects of individual customer incivility encounters on employ-

ee incivility: The moderating roles of entity (in) civility and negative affectivity [J]. Journal of Applied Psychology, 99 (1): 151-161.

[132] WALKER D D, VAN JAARSVELD D D, SKARLICKI D P, 2017. Sticks and stones can break my bones but words can also hurt me: The relationship between customer verbal aggression and employee incivility [J]. Journal of Applied Psychology, 102 (2): 163-179.

[133] WANG M, LIAO H, ZHAN Y, SHI J, 2011. Daily customer mistreatment and employee sabotage against customer: Examining emotion and resource perspectives [J]. Academy of Management Journal, 54 (2): 312-334.

[134] WANG M, LIU S, LIAO H, GONG Y, KAMMEYER-MUELLER J, SHI J, 2013. Can't get it out of my mind: Employee rumination after customer mistreatment and negative mood in the next morning [J]. Journal of Applied Psychology, 98 (6): 989-1004.

[135] WANG Z, SINGH S N, LI Y J, MISHRA S, AMBROSE M, BIERNAT M, 2017. Effects of employees' positive affective displays on customer loyalty intentions: An emotions-as-social-information perspective [J]. Academy of Management Journal, 60 (1): 109-129.

[136] WEGGE J, VOGT J, WECKING C, 2007. Customer-induced stress in call centre work: A comparison of audio- and videoconference [J]. Journal of Occupational and Organizational Psychology, 80 (4): 693-712.

[137] WEINGART L R, BEHFAR K J, BENDERSKY C, TODOROVA G, JEHN K A, 2015. The directness and oppositional intensity of conflict expression [J]. Academy of Management Review, 40 (2): 235-262.

[138] WEISS H M, CROPANZANO R, 1996. Affective events theory [J]. Research in Organizational Behavior, 18 (1): 1-74.

[139] WELLS L J, GILLESPIE S M, ROTSHTEIN P, 2016. Identification of emotional facial expressions: Effects of expression, intensity, and sex on eye gaze [J]. PloS One, 11 (12): e0168307.

[140] WIDEN S, 2013. Children's interpretation of facial expressions: The long path from valence-based to specific discrete categories [J]. Emotion Review, 5 (1): 72-77.

[141] YUE Y, WANG K L, GROTH M, 2017. Feeling bad and doing

good: The effect of customer mistreatment on service employee's daily display of helping behaviors [J]. Personnel Psychology, 70 (4): 769-808.

[142] ZABLAH A R, SIRIANNI N J, KORSCHUN D, GREMLER D D, BEATTY S E, 2017. Emotional convergence in service relationships: The shared frontline experience of customers and employees [J]. Journal of Service Research, 20 (1): 76-90.

[143] ZEELENBERG M, NELISSEN R M A, BREUGELMANS S M, PIETERS R, 2008. On emotion specificity in decision making: Why feeling is for doing [J]. Judgment and Decision Making, 3 (1): 18-27.

[144] ZEELENBERG M, PIETERS R, 2004. Beyond valence in customer dissatisfaction [J]. Journal of Business Research, 57 (4): 445-455.

[145] ZHAN Y, WANG M, SHI J, 2014. Lagged influences of customer mistreatment on employee mood: Moderating roles of maladaptive emotion regulation strategies [M] //W J ZERBE, N M ASHKANASY, C E J HÄRTEL (Eds.). Research on Emotion in Organizations. Leeds, UK, Emerald Group Publishing Limited: 203-224.

[146] 陈晨, 2017. 职场排斥对营销人员角色行为的影响研究 [D]. 成都: 西南财经大学.

[147] 丁桂凤, 李新霞, 赵瑞, 2009. 服务破坏行为: 概念、测量与相关变量 [J]. 心理科学进展, 17 (2): 426-431.

[148] 杜建刚, 范秀成, 2007. 服务失败情境下顾客损失、情绪对补救预期和顾客抱怨倾向的影响 [J]. 南开管理评论, 6: 4-10.

[149] 杜建刚, 范秀成, 2009. 服务消费中多次情绪感染对消费者负面情绪的动态影响机制 [J]. 心理学报, 41 (4): 346-356.

[150] 杜蕾, 2012. 愤怒的动机方向 [J]. 心理科学进展, 20 (11): 1843-1849.

[151] 方淑杰, 黎耀奇, 傅云新, 2019. 赔礼还是赔钱?: 基于情绪感染理论的旅游景区服务补救策略研究 [J]. 旅游学刊, 34 (1): 44-57.

[152] 冯柔佳, 毕研玲, 付小丽, 等, 2020. 伪装情绪的人际影响及其作用机制 [J]. 心理科学进展, 28 (10): 1762-1776.

[153] 金立印, 2005. 基于关键事件法的服务失败原因及补救战略效果定性分析 [J]. 管理科学, 4: 63-70.

[154] 李才文，臧奋英，褚宇明，等，2020. 对威胁刺激的碰撞时间估计 [J]. 心理科学进展，28（10）：1650-1661.

[155] 李军，李志宏，2014. 网络环境下的现代服务接触研究述评 [J]. 科技管理研究，34（6）：118-125.

[156] 李岩梅，刘长江，李纾，2007. 认知、动机、情感因素对谈判行为的影响 [J]. 心理科学进展，3：511-517.

[157] 李艳丽，丛艳国，龚金红，2012. 服务认知—行为模式对一线员工服务绩效影响研究：以酒店和旅行社为例 [J]. 旅游学刊，27（8）：45-52.

[158] 廖化化，颜爱民，2014. 情绪劳动的效应、影响因素及作用机制 [J]. 心理科学进展，22（9）：1504-1512.

[159] 刘影，桑标，龚少英，等，2016. 情绪表达抑制功能的文化差异 [J]. 心理科学进展，24（10）：1647-1654.

[160] 马学谦，王虹，熊冠星，等，2015. 领导的消极情绪对员工绩效的积极作用 [J]. 心理科学进展，23（11）：1991-2000.

[161] 毛畅果，2017. 调节焦点理论：组织管理中的应用 [J]. 心理科学进展，25（4）：682-690.

[162] 彭军锋，景奉杰，2006. 关系品质对服务补救效果的调节作用 [J]. 南开管理评论，4：8-15.

[163] 唐小飞，贾建民，周庭锐，等，2009. 遭遇员工态度问题和不公平价格的顾客满意度补救研究：基于顾客赢回管理的一个动态纵向评估模型 [J]. 管理世界，5：107-118.

[164] 王雪珺，彭申立，刘欣欣，等，2019. 情绪强度对情绪模仿与情绪感染的影响 [C/OL] //中国心理学会. 第二十二届全国心理学学术会议摘要集：1041-1042. https://cpfd.cnki.com.cn/Area/CPFDCONFArticleList-ZGXG201910001.htm.

[165] 文彤，梁祎，2020. 资源保存理论下顾客欺凌对导游离职意愿的影响研究 [J]. 旅游科学，34（3）：47-62.

[166] 徐虹，梁佳，李惠璠，等，2018. 顾客不当对待对旅游业一线员工公平感的差异化影响：权力的调节作用 [J]. 南开管理评论，21（5）：93-104.

[167] 姚琦，乐国安，2009. 动机理论的新发展：调节定向理论 [J]. 心理科学进展，17（6）：1264-1273.

[168] 余传鹏, 林春培, 姚聪, 2018. 旅游业新生代一线员工服务绩效的影响机制: 社会交换理论视角 [J]. 旅游学刊, 33 (12): 53-65.

[169] 占小军, 李志成, 梁雪娇, 2015. 顾客欺凌行为: 概念、测量、形成与作用机制 [J]. 心理科学进展, 23 (4): 690-701.

[170] 张奇勇, 卢家楣, 闫志英, 等, 2016. 情绪感染的发生机制 [J]. 心理学报, 48 (11): 1423-1433.

[171] 张奇勇, 卢家楣, 2013. 情绪感染的概念与发生机制 [J]. 心理科学进展, 21 (9): 1596-1604.

[172] 张奇勇, 卢家楣, 2015. 先入观念对情绪感染力的调节: 以教学活动为例 [J]. 心理学报, 47 (6): 797-806.

[173] 张若勇, 刘新梅, 沈力, 等, 2009. 服务氛围与一线员工服务绩效: 工作压力和组织认同的调节效应研究[J]. 南开管理评论, 12 (3): 4-11.

[174] 张文彤, 2004. SPSS 统计分析高级教程 [J]. 北京: 高等教育出版社.

[175] 张振刚, 余传鹏, 李云健, 2016. 主动性人格、知识分享与员工创新行为关系研究 [J]. 管理评论, 28 (4): 123-133.

[176] 赵君, 鄢苗, 肖素芳, 等, 2019. 组织公民行为与反生产行为的互动关系: 一个基于情绪与认知整合框架的阐释 [J]. 心理科学进展, 27 (5): 871-883.

[177] 赵占波, 张钧安, 徐惠群, 2009. 基于公平理论探讨服务补救质量影响的实证研究: 来自中国电信服务行业的证据 [J]. 南开管理评论, 12 (3): 27-34.

[178] 周晔, 齐永智, 2020. 实体零售中顾客不文明行为对销售人员绩效的倒 U 型影响 [J]. 中国流通经济, 34 (8): 91-100.

[179] 诸彦含, 周意勇, 刘丽颖, 等, 2016. 组织中的人际冲突: 类型、模型与表达 [J]. 心理科学进展, 24 (5): 824-835.

[180] 左世江, 王芳, 石霞飞, 等, 2014. 简单情绪感染及其研究困境 [J]. 心理科学进展, 22 (5): 791-801.

附　录

附录一　正式调查问卷

您好！

非常感谢您参与本次调研，为研究**服务场景中的员工与顾客互动**提供数据支持。本问卷为无记名形式，调查结果仅供学术研究使用，您的所有回答均会被严格保密，请您根据真实情况和感受如实勾选。

请回想一下在过去半年的工作中，您所遇到的顾客向您抱怨、发泄愤怒的事件。请尽量详细地描述您与该顾客的互动过程，包括发生时间、起因、该顾客表达愤怒的细节（包括但不限于表情、肢体和语言）以及您的反应。

第一部分　顾客愤怒事件回溯

请填写附表1。

附表 1　顾客愤怒事件回溯

A1. 在我以上描述的事件中，我感觉该顾客 （1＝非常轻微，2＝比较轻微，3＝轻微，4＝一般，5＝比较强烈，6＝强烈，7＝非常强烈）							
（1）生气的程度	1	2	3	4	5	6	7
（2）恼怒的程度	1	2	3	4	5	6	7
（3）气愤的程度	1	2	3	4	5	6	7
A2. 该顾客的愤怒情绪 （1＝完全不同意，2＝不太同意，3＝比较不同意，4＝中立，5＝比较同意，6＝同意，7＝完全同意）							
（1）跟我紧密相关	1	2	3	4	5	6	7
（2）我非常关心	1	2	3	4	5	6	7
（3）对我意义重大	1	2	3	4	5	6	7
（4）我非常在意	1	2	3	4	5	6	7
（5）对我来说事关重大	1	2	3	4	5	6	7
A3. 在我以上描述的事件中 （1＝完全不同意，2＝不太同意，3＝比较不同意，4＝中立，5＝比较同意，6＝同意，7＝完全同意）							
（1）我对该顾客很生气	1	2	3	4	5	6	7
（2）我很不高兴	1	2	3	4	5	6	7
（3）我对该顾客很恼怒	1	2	3	4	5	6	7
A4. 在我以上描述的事件中，我觉得 （1＝完全不同意，2＝不太同意，3＝比较不同意，4＝中立，5＝比较同意，6＝同意，7＝完全同意）							
（1）该顾客具有一定威胁	1	2	3	4	5	6	7
（2）该顾客很有可能向我的领导投诉	1	2	3	4	5	6	7
（3）该顾客很有可能向其他人抱怨	1	2	3	4	5	6	7
（4）该顾客很有可能影响我们公司的名声	1	2	3	4	5	6	7

A5. 在我以上描述的事件中 （1＝完全不同意，2＝不太同意，3＝比较不同意，4＝中立，5＝比较同意，6＝同意，7＝完全同意）							
（1）我尽了最大努力去解决该顾客所汇报的问题	1	2	3	4	5	6	7
（2）我尽我所能地快速回应和补救	1	2	3	4	5	6	7
（3）我礼貌地对待该顾客	1	2	3	4	5	6	7
（4）我恭敬地对待该顾客	1	2	3	4	5	6	7
（5）我为该顾客提供了周到的服务	1	2	3	4	5	6	7
A6. 事件严重程度 （1＝完全不同意，2＝不太同意，3＝比较不同意，4＝中立，5＝比较同意，6＝同意，7＝完全同意）							
在我以上描述的事件中，我感觉该顾客损失惨重	1	2	3	4	5	6	7

第二部分　背景信息

请填写附表 2。

附表 2　背景信息

B1. 以下是对您情绪管理能力的相关描述 （1＝完全不同意，2＝不太同意，3＝比较不同意，4＝中立，5＝比较同意，6＝同意，7＝完全同意）							
（1）我能够控制我的脾气来理性应对困难	1	2	3	4	5	6	7
（2）我很擅长控制自己的情绪	1	2	3	4	5	6	7
（3）当我生气时，我总能够快速冷静下来	1	2	3	4	5	6	7
（4）我对自己的情绪有良好的控制感	1	2	3	4	5	6	7
B2. 请对以下描述对应的真实程度进行评估 （1＝非常低，2＝低，3＝比较低，4＝一般，5＝比较高，6＝高，7＝非常高）							
（1）我掌握如何传递卓越服务的相关工作知识及技能的程度	1	2	3	4	5	6	7
（2）完成出色服务工作后，我获得认可和奖励的程度	1	2	3	4	5	6	7
（3）我们公司领导层为了保证服务质量所做努力的程度	1	2	3	4	5	6	7
（4）我与顾客沟通的有效程度	1	2	3	4	5	6	7
（5）为了确保我能提供优质服务，公司在工具、技术和其他方面提供支持的程度	1	2	3	4	5	6	7

B3. 您的性别是　①男　②女

B4. 您的年龄是 _____

B5. 您从事服务相关的工作多少年了? _____

谢谢您的合作!

附录二　实验一问卷

　　您好！欢迎参与我们的实验！本次实验旨在了解商业服务场景中的人际互动，在实验中您将扮演某星级酒店前台服务人员，并与顾客进行互动。整个实验过程大约需要3分钟，其中包含一张图片（附图1）。请您务必在仔细观察该图片后再继续回答后续问题。我们保证此次实验完全匿名，请根据您的真实想法和内心感受放心作答。非常感谢您的合作！

　　请想象一下您是某星级酒店前台服务人员。此时临近傍晚，您正在值班。这时一位酒店顾客向您走来，说起她入住酒店遇到的问题。该顾客抱怨说，她早上就向酒店反映过房间马桶堵塞问题，但酒店一直未安排人来处理。

　　接下来，您将看到顾客的抱怨内容，并仔细观察该顾客的面部表情特写。

　　（顾客抱怨内容）"怎么搞的啊？我早上就反映了房间马桶堵塞问题，你们到现在都没安排人来修理！这是要我等到什么时候啊？我看你们一点都没有重视我的问题，效率怎么这么低啊！你们的服务真差啊！"

 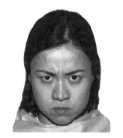

高强度顾客愤怒　　　　　低强度顾客愤怒

附图1　顾客愤怒的表情

附表 3　员工愤怒情绪

这位顾客的表达让我	完全不符合	不太符合	比较不符合	不确定	比较符合	基本符合	完全符合
感觉很生气	1	2	3	4	5	6	7
感觉很不高兴	1	2	3	4	5	6	7
感觉很恼怒	1	2	3	4	5	6	7

附表 4　员工感知威胁

这位顾客的表达让我觉得	完全不符合	不太符合	比较不符合	不确定	比较符合	基本符合	完全符合
具有一定威胁	1	2	3	4	5	6	7
她很有可能向我的领导投诉	1	2	3	4	5	6	7
她很有可能影响酒店名声	1	2	3	4	5	6	7
她很有可能向其他人抱怨	1	2	3	4	5	6	7

附表 5　顾客愤怒的强度

我感觉这位顾客	非常轻微	轻微	比较轻微	一般	比较强烈	强烈	非常强烈
生气的程度	1	2	3	4	5	6	7
恼怒的程度	1	2	3	4	5	6	7
气愤的程度	1	2	3	4	5	6	7

附表 6　顾客愤怒的员工相关度

顾客愤怒的员工相关度	完全不同意	不太同意	比较不同意	中立	比较同意	同意	完全同意
我感觉该顾客的情绪与我紧密相关	1	2	3	4	5	6	7
该顾客的情绪对我非常重要	1	2	3	4	5	6	7
我非常关心该顾客的情绪	1	2	3	4	5	6	7

顾客愤怒的员工相关度	完全不同意	不太同意	比较不同意	中立	比较同意	同意	完全同意
该顾客的情绪对我意义重大	1	2	3	4	5	6	7
我非常在意该顾客的情绪	1	2	3	4	5	6	7
该顾客的情绪对我来说事关重大	1	2	3	4	5	6	7

附表7　真实性和可信度

真实性和可信度	完全不同意	不太同意	比较不同意	中立	比较同意	同意	完全同意
我认为上述情境非常真实	1	2	3	4	5	6	7
我相信类似事件是可能在真实生活中发生的	1	2	3	4	5	6	7

6. 您的性别是　①男　②女

7. 您的年龄是_____

8. 您从事服务相关的工作多少年了？_____

附录三　实验二问卷

　　您好！欢迎参与我们的实验！本次实验旨在了解商业服务场景中的人际互动，在实验中您将扮演某星级酒店前台服务人员，并与顾客进行互动。整个实验过程大约需要 3 分钟，我们保证此次实验完全匿名，请根据您的真实想法和内心感受放心作答。非常感谢您的合作！

　　请想象一下您是某星级酒店前台服务人员。此时临近傍晚，您正在值班。这时一位酒店顾客向您走来，说起她入住酒店遇到的问题。该顾客抱怨说，她早上就向酒店反映过房间马桶堵塞问题，但酒店一直未安排人来处理。接下来您将看到互动情况及该顾客的口头抱怨（同实验一）。

附表8　分组刺激测试

实验组别	情境描述与实验刺激
顾客愤怒表达的高员工相关度组	您立马认出了这位顾客，想起来她早上向您反映过房间马桶堵塞问题，但您忘记处理了。 只听她向您抱怨道："怎么搞的啊？我早上就跟你反映了马桶的问题，你到现在都没安排人来修理。这是要我等到什么时候啊？我看你们一点都没重视我的问题，效率怎么这么低啊！你们的服务真差啊！"
顾客愤怒表达的低员工相关度组	您了解到这位顾客早上向当时值班的同事反映了房间马桶堵塞问题，但您的同事忘记处理了。 只听她向您抱怨道："怎么搞的啊？我早上就跟你的同事反映了马桶的问题，他到现在都没安排人来修理。这是要我等到什么时候啊？我看你们一点都没重视我的问题，效率怎么这么低啊！你们的服务真差啊！"

附表9　员工愤怒情绪

这位顾客的表达让我	完全不符合	不太符合	比较不符合	不确定	比较符合	基本符合	完全符合
感觉很生气	1	2	3	4	5	6	7
感觉很不高兴	1	2	3	4	5	6	7
感觉很恼怒	1	2	3	4	5	6	7

这位顾客的表达让我觉得	完全不符合	不太符合	比较不符合	不确定	比较符合	基本符合	完全符合
具有一定威胁	1	2	3	4	5	6	7
她很有可能向我的领导投诉	1	2	3	4	5	6	7
她很有可能影响酒店名声	1	2	3	4	5	6	7
她很有可能向其他人抱怨	1	2	3	4	5	6	7

附表 11　顾客愤怒的强度

我感觉这位顾客	非常轻微	轻微	比较轻微	一般	比较强烈	强烈	非常强烈
生气的程度	1	2	3	4	5	6	7
恼怒的程度	1	2	3	4	5	6	7
气愤的程度	1	2	3	4	5	6	7

附表 12　顾客愤怒的员工相关度

顾客愤怒的员工相关度	完全不同意	不太同意	比较不同意	中立	比较同意	基本同意	完全同意
我非常关心该顾客的情绪	1	2	3	4	5	6	7
我非常在意该顾客的情绪	1	2	3	4	5	6	7
该顾客的情绪对我来说事关重大	1	2	3	4	5	6	7
我感觉该顾客的情绪与我紧密相关	1	2	3	4	5	6	7
我感觉该顾客的情绪是我引起的	1	2	3	4	5	6	7
我应该对该顾客的情绪负责	1	2	3	4	5	6	7

附表 13 真实性和可信度

真实性和可信度	完全不同意	不太同意	比较不同意	中立	比较同意	基本同意	完全同意
我认为上述情境非常真实	1	2	3	4	5	6	7
我相信类似事件是可能在真实生活中发生的	1	2	3	4	5	6	7

6. 您的性别是 ①男 ②女

7. 您的年龄是_____

8. 您从事服务相关的工作多少年了?_____

附录四　实验三问卷

您好！欢迎参与我们的实验！本次实验旨在了解商业服务场景中的人际互动，在实验中您将扮演某星级酒店前台服务人员，并与顾客进行互动。整个实验过程大约需要3分钟，其中包含一段音频（本书中以文字形式呈现），我们建议您在安静环境中佩戴耳机收听。请您务必在仔细聆听音频后再继续回答后续问题。我们保证此次实验完全匿名，请根据您的真实想法和内心感受放心作答。非常感谢您的合作！

请想象一下您是某星级酒店前台服务人员。此时临近傍晚，您正在值班。这时一位酒店顾客向您走来，说起她入住酒店遇到的问题。该顾客抱怨说，她早上就向酒店反映过房间马桶堵塞问题，但酒店一直未安排人来处理。

接下来，您将听到该顾客的抱怨音频。

附表 14　分组刺激测试

实验组别	情境描述与实验刺激
顾客愤怒表达的高顾客愤怒强度—高员工相关度组	您立马认出了这位顾客，想起来她早上向您反映过房间马桶堵塞问题，但您忘记处理了。只听她向您抱怨道： "怎么搞的啊？我早上就跟你反映了马桶的问题，你到现在都没安排人来修理。这是要我等到什么时候啊？我看你们一点都没重视我的问题，效率怎么这么低啊！你们的服务真差啊！"（该音频录音近似吼叫，音量更大，音调非常高，语气带有攻击性）
顾客愤怒表达的高顾客愤怒强度—低员工相关度组	您了解到这位顾客早上向当时值班的同事反映了房间马桶堵塞问题，但您的同事忘记处理了。只听她向您抱怨道： "怎么搞的啊？我早上就跟你的同事反映了马桶的问题，他到现在都没安排人来修理。这是要我等到什么时候啊？我看你们一点都没重视我的问题，效率怎么这么低啊！你们的服务真差啊！"（该音频录音近似吼叫，音量更大，音调非常高，语气带有攻击性）

附表14（续）

实验组别	情境描述与实验刺激
顾客愤怒表达的 低顾客愤怒 强度—高员工相关度组	您立马认出了这位顾客，想起来她早上向您反映过房间马桶堵塞问题，但您忘记处理了。只听她向您抱怨道： "怎么搞的啊？我早上就跟你反映了马桶的问题，你到现在都没安排人来修理。这是要我等到什么时候啊？我看你们一点都没重视我的问题，效率怎么这么低啊！你们的服务真差啊！"**（该音频录音比较平和，音量正常，音调稍微有点高，略带怒气）**
顾客愤怒表达的 低顾客愤怒 强度—低员工相关度组	您了解到这位顾客早上向当时值班的同事反映了房间马桶堵塞问题，但您的同事忘记处理了。只听她向您抱怨道： "怎么搞的啊？我早上就跟你的同事反映了马桶的问题，他到现在都没安排人来修理。这是要我等到什么时候啊？我看你们一点都没重视我的问题，效率怎么这么低啊！你们的服务真差啊！"**（该音频录音比较平和，音量正常，音调稍微有点高，略带怒气）**

附表15　员工愤怒情绪

这位顾客的 表达让我	完全 不符合	不太 符合	比较 不符合	不确定	比较 符合	基本 符合	完全 符合
感觉很生气	1	2	3	4	5	6	7
感觉很不高兴	1	2	3	4	5	6	7
感觉很恼怒	1	2	3	4	5	6	7

附表16　员工感知威胁

这位顾客的 表达让我觉得	完全 不符合	不太 符合	比较 不符合	不确定	比较 符合	基本 符合	完全 符合
具有一定威胁	1	2	3	4	5	6	7
她很有可能向 我的领导投诉	1	2	3	4	5	6	7
她很有可能 影响酒店名声	1	2	3	4	5	6	7
她很有可能 向其他人抱怨	1	2	3	4	5	6	7

附表 17 顾客愤怒的强度

我感觉这位顾客	非常轻微	轻微	比较轻微	一般	比较强烈	强烈	非常强烈
生气的程度	1	2	3	4	5	6	7
恼怒的程度	1	2	3	4	5	6	7
气愤的程度	1	2	3	4	5	6	7

附表 18 顾客愤怒的员工相关度

顾客愤怒的员工相关度	完全不同意	不太同意	比较不同意	中立	比较同意	基本同意	完全同意
我非常关心该顾客的情绪	1	2	3	4	5	6	7
我非常在意该顾客的情绪	1	2	3	4	5	6	7
该顾客的情绪对我来说事关重大	1	2	3	4	5	6	7
我感觉该顾客的情绪与我紧密相关	1	2	3	4	5	6	7
我感觉该顾客的情绪是我引起的	1	2	3	4	5	6	7
我应该对该顾客的情绪负责	1	2	3	4	5	6	7

附表 19 真实性和可信度

真实性和可信度	完全不同意	不太同意	比较不同意	中立	比较同意	基本同意	完全同意
我认为上述情境非常真实	1	2	3	4	5	6	7
我相信类似事件是可能在真实生活中发生的	1	2	3	4	5	6	7

6. 您的性别是 ①男 ②女

7. 您的年龄是 _____

8. 您从事服务相关的工作多少年了? _____

附录五　实验四问卷

您好！欢迎参与我们的实验！本次实验旨在了解商业服务场景中的人际互动，在实验中您将扮演某星级酒店前台服务人员，并与顾客进行互动。整个实验过程大约需要 3 分钟，其中包含一段音频，我们建议您在安静环境中佩戴耳机收听。请您务必在仔细聆听音频后再继续回答后续问题。我们保证此次实验完全匿名，请根据您的真实想法和内心感受放心作答。非常感谢您的合作！

请想象一下您是某星级酒店前台服务人员。此时临近傍晚，您正在值班。这时一位酒店顾客向您走来，说起她入住酒店遇到的问题。该顾客抱怨说，她早上就向酒店反映过房间马桶堵塞问题，但酒店一直未安排人来处理。

接下来，您将听到该顾客的抱怨音频。

附表 20　分组刺激测试

实验组别	情境描述与实验刺激
顾客愤怒表达的 高顾客愤怒 强度—高员工相关度组	您立马认出了这位顾客，想起来她早上向您反映过房间马桶堵塞问题，但您忘记处理了。只听她向您抱怨道： "怎么搞的啊？我早上就跟你反映了马桶的问题，你到现在都没安排人来修理。这是要我等到什么时候啊？我看你们一点都没重视我的问题，效率怎么这么低啊！你们的服务真差啊！"（该音频录音近似吼叫，音量更大，音调非常高，语气带有攻击性）
顾客愤怒表达的 高顾客愤怒 强度—低员工相关度组	您了解到这位顾客早上向当时值班的同事反映了房间马桶堵塞问题，但您的同事忘记处理了。只听她向您抱怨道： "怎么搞的啊？我早上就跟你的同事反映了马桶的问题，他到现在都没安排人来修理。这是要我等到什么时候啊？我看你们一点都没重视我的问题，效率怎么这么低啊！你们的服务真差啊！"（该音频录音近似吼叫，音量更大，音调非常高，语气带有攻击性）

实验组别	情境描述与实验刺激
顾客愤怒表达的 低顾客愤怒 强度—高员工相关度组	您立马认出了这位顾客,想起来她早上向您反映过房间马桶堵塞问题,但您忘记处理了。只听她向您抱怨道:"怎么搞的啊?我早上就跟你反映了马桶的问题,你到现在都没安排人来修理。这是要我等到什么时候啊?我看你们一点都没重视我的问题,效率怎么这么低啊!你们的服务真差啊!"**(该音频录音比较平和,音量正常,音调稍微有点高,略带怒气)**
顾客愤怒表达的 低顾客愤怒 强度—低员工相关度组	您了解到这位顾客早上向当时值班的同事反映了房间马桶堵塞问题,但您的同事忘记处理了。只听她向您抱怨道:"怎么搞的啊?我早上就跟你的同事反映了马桶的问题,他到现在都没安排人来修理。这是要我等到什么时候啊?我看你们一点都没重视我的问题,效率怎么这么低啊!你们的服务真差啊!"**(该音频录音比较平和,音量正常,音调稍微有点高,略带怒气)**

1. 核心服务补救行为

(1) 及时解决问题

附表 21　及时解决问题

及时解决问题	完全 不同意	不太 同意	比较 不同意	中立	比较 同意	基本 同意	完全 同意
我会尽力确保该顾客房间的马桶问题得到解决	1	2	3	4	5	6	7
我想要尽最大努力联系工程部尽快过来维修	1	2	3	4	5	6	7

附表 21　礼貌对待顾客

礼貌对待顾客	完全 不同意	不太 同意	比较 不同意	中立	比较 同意	基本 同意	完全 同意
我保证会妥善处理她投诉的问题	1	2	3	4	5	6	7
我会恭敬地对待该顾客	1	2	3	4	5	6	7

礼貌对待顾客	完全 不同意	不太 同意	比较 不同意	中立	比较 同意	基本 同意	完全 同意
我会礼貌地 对待该顾客	1	2	3	4	5	6	7

2. **经济补偿**

作为与顾客直接互动的前台人员，酒店授权您可以自主选择给那些入住体验不佳的客人一些补偿。以下是您可以运用的补偿条目，每一项都对应一个具体金额。根据酒店的规定，您所在职位对应的补偿限额是150元：您有权决定是否给予客人额外补偿，金额最大不超过150元。请回答您愿意选择以下哪个项目来补偿该顾客？

A. 不愿意给予任何额外补偿（0元）

B. 水果拼盘券（35元）

C. 咖啡厅饮品券（50元）

D. 露台酒廊畅饮券（70元）

E. 早餐自助券（78元）

F. 午餐自助券（108元）

G. 晚餐自助券（148元）

附表 23　员工愤怒情绪

这位顾客的 表达让我	完全 不符合	不太 符合	比较 不符合	不确定	比较 符合	基本 符合	完全 符合
感觉很生气	1	2	3	4	5	6	7
感觉很不高兴	1	2	3	4	5	6	7
感觉很恼怒	1	2	3	4	5	6	7

附表 24　员工感知威胁

这位顾客的 表达让我觉得	完全 不符合	不太 符合	比较 不符合	不确定	比较 符合	基本 符合	完全 符合
具有一定威胁	1	2	3	4	5	6	7
她很有可能向 我的领导投诉	1	2	3	4	5	6	7

这位顾客的表达让我觉得	完全不符合	不太符合	比较不符合	不确定	比较符合	基本符合	完全符合
她很有可能影响酒店名声	1	2	3	4	5	6	7
她很有可能向其他人抱怨	1	2	3	4	5	6	7

附表 25　顾客愤怒的强度

我感觉这位顾客	非常轻微	轻微	比较轻微	一般	比较强烈	强烈	非常强烈
生气的程度	1	2	3	4	5	6	7
恼怒的程度	1	2	3	4	5	6	7
气愤的程度	1	2	3	4	5	6	7

附表 26　顾客愤怒的员工相关度

顾客愤怒的员工相关度	完全不同意	不太同意	比较不同意	中立	比较同意	基本同意	完全同意
我非常关心该顾客的情绪	1	2	3	4	5	6	7
我非常在意该顾客的情绪	1	2	3	4	5	6	7
该顾客的情绪对我来说事关重大	1	2	3	4	5	6	7
我感觉该顾客的情绪与我紧密相关	1	2	3	4	5	6	7
我感觉该顾客的情绪是我引起的	1	2	3	4	5	6	7
我应该对该顾客的情绪负责	1	2	3	4	5	6	7

附表 27　真实性和可信度

真实性和可信度	完全不同意	不太同意	比较不同意	中立	比较同意	基本同意	完全同意
我认为上述情境非常真实	1	2	3	4	5	6	7

真实性和可信度	完全不同意	不太同意	比较不同意	中立	比较同意	基本同意	完全同意
我相信类似事件是可能在真实生活中发生的	1	2	3	4	5	6	7

8. 您的性别是　①男　②女

9. 您的年龄是_____

10. 您从事服务相关的工作多少年了？_____